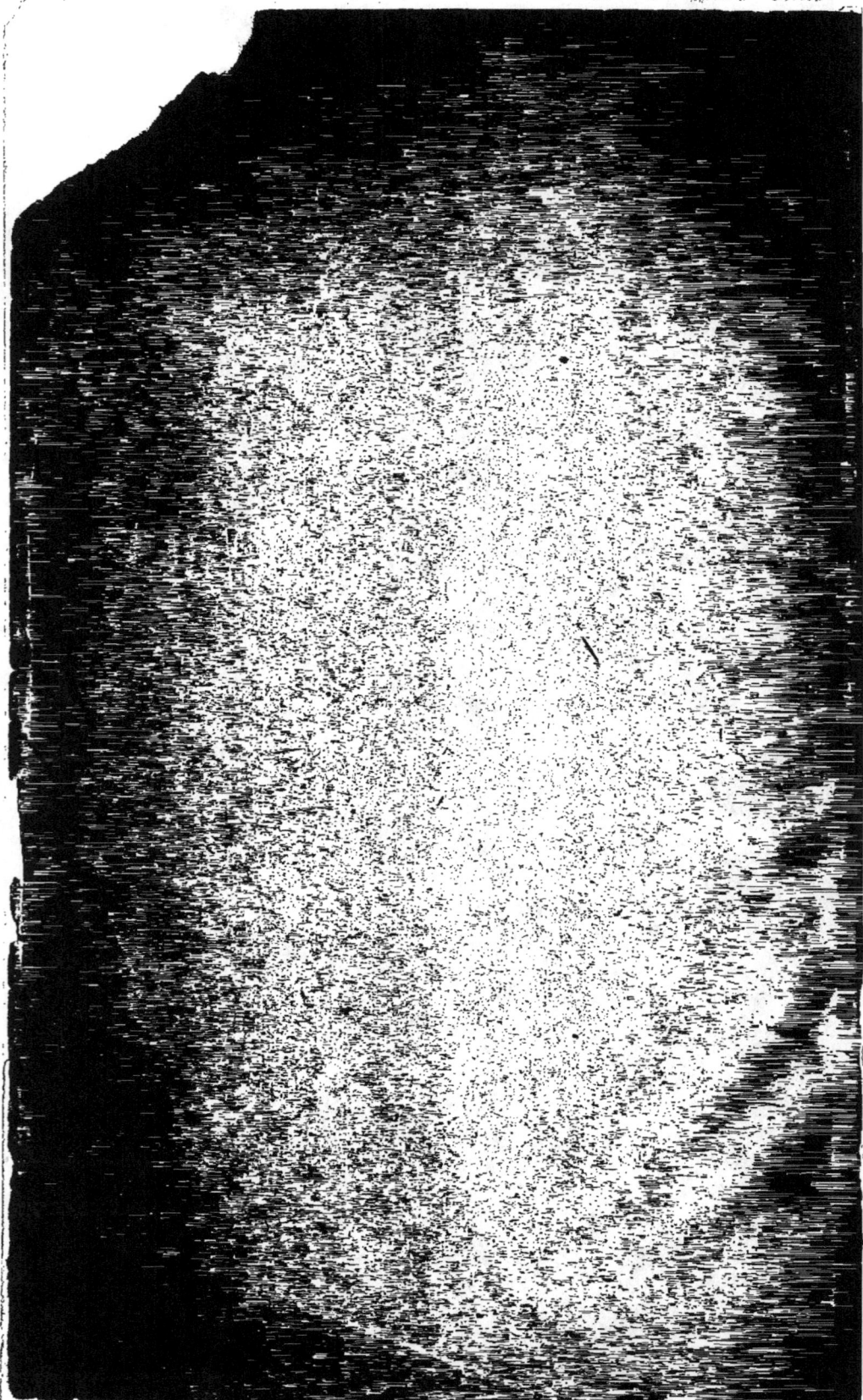

MÉMOIRE DE LA GUERRE

SUR LES FRONTIÈRES DU

DAUPHINÉ ET DE SAVOIE

DE 1742 A 1747

Il a été tiré de cet ouvrage 6 exemplaires numérotés sur papier de Hollande.

N°

PUBLICATION DU SPECTATEUR MILITAIRE

BRUNET
SEIGNEUR DE L'ARGENTIÈRE

MÉMOIRE DE LA GUERRE

SUR LES FRONTIÈRES DU

DAUPHINÉ ET DE SAVOIE

DE 1742 A 1747

PARIS
A LA DIRECTION DU SPECTATEUR MILITAIRE
39, RUE DE GRENELLE-SAINT-GERMAIN, 39

—

1887
Tous droits réservés.

PRÉFACE DE L'ÉDITEUR

M. Moris, archiviste des Alpes-Maritimes, vient de publier une histoire des OPÉRATIONS MILITAIRES DANS LES ALPES PENDANT LA GUERRE DE LA SUCCESSION D'AUTRICHE, de 1742 à 1748; l'ouvrage est remarquable sous tous les rapports; mais, basé sur des documents d'origine italienne, il présente forcément beaucoup de lacunes.

J'ai pensé qu'il y aurait quelque intérêt à le compléter par une relation due à un de nos compatriotes qui a joué un rôle très actif quoique modeste dans les événements qu'il raconte. Ce Français était un commissaire des guerres nommé Brunet, Seigneur de l'Argentière dans le Briançonnais. Il jouissait dans son pays d'une grande influence et était l'ami intime de M. de Bourcet; comme lui, il connaissait parfaitement les Alpes et en avait étudié l'histoire. Pendant la guerre, il sut s'attirer l'estime et la confiance des généraux auprès desquels il servit; en 1748, l'un d'eux M. de Monteynard, aide maréchal des logis de l'armée, le choisit pour guide dans une reconnaissance des frontières de la Savoie, la première qui ait été faite avec quelque exactitude.

C'est sur un manuscrit appartenant à M. Chaper, ancien officier du génie et ancien député de l'Isère, que j'ai fait prendre la copie de la relation qu'on va lire. J'ai respecté l'orthographe du temps, toutes les fois qu'elle ne nuisait pas trop à la clarté de l'exposition ; j'ai surtout soigneusement conservé les détails qui peuvent paraître oiseux à l'historien, mais qui sont l'attrait principal de ces mémoires particuliers pour l'officier chargé de la conduite d'une troupe dans des conditions peu différentes aujourd'hui de ce qu'elles étaient il y a cent cinquante ans.

Ceux qui voudraient étudier plus à fond les guerres de la Succession d'Autriche pourront consulter les Mémoires rédigés sous la direction du lieutenant-général de Vault d'après la correspondance des généraux et dont les manuscrits sont conservés au Dépôt de la Guerre; ils sont établis sur le même plan que les Mémoires relatifs aux Guerres de la Succession d'Espagne publiés, il y a quelques années, par le Ministère de l'Instruction publique dans les Documents inédits pour servir à l'Histoire de France.

ALBERT DE ROCHAS.

I. — CAUSES DE LA GUERRE

Tout le monde sçait les soins que s'est donnée la France après la mort de l'empereur Charles VI d'Autriche pour faire élire l'électeur de Bavière à Francfort.

A peine cet électeur fut élu empereur, que l'on chercha les moyens de luy procurer les Etats sur lesquels il avoit droit par l'Electrice, qui luy avoient été ôtés par la pragmatique du dernier empereur. L'alliance que fit l'électeur de Brandebourg, roi de Prusse; les nombreuses troupes auxiliaires fournies par la France pour la conquette de la Bohême; la retraite de ce Païs; en peu de jours celle des troupes Impérialles et françoises, de la Bavière et du Palatinat, et tout ce qui concerne cette guerre ne sont point des faits que j'aye dessein de recueillir; je me borneray à ce qui s'est passé dans les Alpes, entre les Espagnols, les François et le roy de Sardaigne et ses alliés.

II. — Campagne de 1742

Les veues de la Reyne d'Espagne étant d'établir un second fils en Italie, on y fit passer une armée commandée par le Duc de Mortemart. Elle se détruisit par la désertion qui est inséparable de l'inaction ; et, soit que le général eût des ordres de ne rien entreprendre, soit qu'il aye négligé de proffiter du tems pour agir, cette armée ne fit rien d'éclatant; le duc de Modène ayant marqué son penchant pour l'Espagne, sa capitale fut la première conquette du roy de Sardaigne e du général Traun, gouverneur du Milanois pour la reyne d'Hongrie; c'est tout ce qui fût fait jusqu'à l'arrivée du comte de Gages, qui vint prendre en Italie le commandement de l'armée d'Espagne, ensuite de la prétendue ou vraye disgrace du duc de Mortemart. Le nouveau général engagea l'affaire de Campo-Santo sur le Panaro, qui ne fut point décisive. La reyne d'Hongrie et l'Angleterre forcèrent le roy des deux Siciles à signer une neutralité à la faveur de laquelle on fit passer par le Tirol des troupes en Italie; on rendit tous les efforts du comte de Gages inutiles et il fut obligé, étant trop faible, de se retirer dans la Romagne avec environ 15,000 hommes. Il y manœuvra si bien par des retranchements, des retraites, des marches et des contremarches, qu'il se porta sans perte au delà du Trouto, sur les frontières du royaume de Naples où les Napolitains se joignirent aux Espagnols pour en disputer l'entrée aux Autrichiens commandés par le prince de Lobkowitz.

Le roy de Sardaigne n'avoit, en 1742, qu'une ligue avec l'Angleterre et la reyne d'Hongrie pour empêcher l'entrée de l'Italie ; il s'était réservé d'écouter en tout tems de nouvelles propositions de sorte que ce souverain, à l'exemple de son père, négocia avec les deux partis, pour amuser l'Espagne qui, trouvant la Méditerranée barrée par une flotte anglaise, fit passer l'infant Philippe par terre, avec environ 18,000 hommes au commencement de la campagne de 1742 pour se rendre en Provence.

Ce prince passa à Antibes où il resta quelques tems pour faire une diversion et forcer le roy de Sardaigne à quitter le Parmésan. Celui-ci, bien instruit de l'état de l'armée espagnole, jugea bien qu'elle n'étoit pas en état d'insulter sa frontière, n'ayant ny artillerie, ny assez de monde, et ne fit venir de Modène que quelques régiments. Dom Philippe, avec le comte de Glimes qui commandait sous luy, passa vers la my-aoust d'Antibes à Barcelonnette où M. de Sauvigny, intendant du Dauphiné, fut envoyé par la cour de France pour pourvoir aux subsistances. On commanda les voitures des communautés qui furent payées à raison de 55 sols par jour et par mulet et il y eut plusieurs traités pour des fournitures et pour la manutention. Avec ce secours, l'armée passa de Barcelonnette à Briançon où elle campa, la cavalerie aux Cros, et l'infanterie à la Clapouse, et aux Arnaillauds formant trois lignes ; la garde du prince, composée des grenadiers royaux à cheval, d'un escadron des gardes du corps et d'un de carrabiniers ou cuirassiers campa à la sortie de la porte d'Embrun, le prince et tout son quartier général logea dans Briançon[1].

Il se tint à Briançon plusieurs conseils ; le résultat fût d'entrer en Savoye par le Galibier. L'armée, après quatre jours de séjour, alla camper entre le Monestier et la Magdeleine ; l'infant devait s'arrêter dans ce bourg, mais, sur quelqu'avis, il fut loger à la Magdeleine et coucha dans la chapelle de cet hôpital.

Pendant son séjour à Briançon, la paille, qui est la nourriture des chevaux d'Espagne, fut fournie par les communautés, ainsi que le bois[2]. Comme il n'y avait aucun établissement pour le pain, ni boulangers à la suitte de cette armée, il en falloit pour passer en Savoye 120,000 rations et les faire faire en moins de quarante heures. M. l'intendant m'ayant demandé mon avis, je ne trouvoy point d'autre moyen que celuy d'aller promptement dans les villages des Fontenils, Fontchristianne, Pont-de-Servières et Villards, faire porter des farines et y faire pétrir les femmes, et les hommes chauffoient les fours. J'établis un chef des villages commis en chaque endroit. En trente-six heures, il fut fabriqué 108,000 rations de pain contre

---

[1]. Le prince logea dans la maison du Sieur Faure cy-devant receveur des tailles. — R.

[2]. La paille fut payée 40 sols le quintal et le bois dix-huit sols le cercle.

toute attente ; ce pain fut très bien fait et cuit et ne péchoit que par le poids qui manquoit ou excédoit dans quelques fours.

L'infant et ses troupes entrèrent en Savoye sans obstacle[1]. Il fut représenté au comte de Glimes à Briançon de faire passer par Nevache, le col de Laval ou Rouchilles, un corps de troupes pour aller à Modane s'emparer du pont et du poste de Saint-André, afin de couvrir de ce côté la Savoye ; on ne jugea pas à propos de le faire, et on ne tarda pas de s'appercevoir qu'on avoit manqué à cette précaution. Le roy de Sardaigne entra en Savoye par le Mont-Cenis et val Daoust[2] et reprit tout ce duché, se retrancha à Montmeillan et força les Espagnols de se replier sous le canon de Barreaux où ils restèrent occupés avec des pluyes continuelles et un violent froid jusqu'à la fin du mois de décembre. Le roy de Sardaigne et les Piémontois n'eurent pas moins à souffrir dans leurs retranchements et il perdit beaucoup de monde par la désertion.

Le comte de Glimes fut rappellé et le marquis de Lamina envoyé pour commander l'armée espagnole sous les ordres de l'infant avec un renfort de troupes ; ce dernier ayant fait ses dispositions pour forcer le roy de Sardaigne à quitter la Savoye, fit attaquer le château d'Apremont qui est une maison d'un gentilhomme

---

1. Le gouverneur de la Savoie et les quelques bataillons de réserve qui constituaient ses troupes se retirèrent dans le val d'Aoste par le massif des Beauges, la Tarentaire et le col du petit St-Bernard.— R.

2. C'est-à-dire à la fois par la Tarentaise (col du petit St-Bernard) et la Maurienne (col du Mont-Cenis). Une troupe de 600 Vaudois passa en outre de Bardonnèche à Modane par le col de la Roue ; un autre détachement parti de Courmayeur arriva au Chapion par le col de la Seigne. — R.

de ce nom scituée sur une éminence, y fit monter du canon avec beaucoup de peine à cause des glaces. Ce poste fut forcé et on y fit soixante prisonniers de guerre; il y eut des escarmouches pendant quelques jours entre les Miquelets et les Vaudois. M. de Lamina ayant fait reconnoître un chemin à travers des montagnes que l'on croyoit impraticables, se mit en mouvement et, comme il pouvoit couper la retraite des Piémontois, le roy de Sardaigne quitta son camp et ses retranchements, repassa le Mont-Cenis avec assez de précipitation[1]. Il n'y eût rien de remarquable dans cette retraite, les Espagnols prirent des quartiers d'hyver en Savoye, ainsy finit la campagne de 1742.

---

1. Le passage du Mont-Cenis eut lieu le 10 janvier 1743. Il n'est pas rare de voir les grands cols des Alpes du Mont-Genèvre au St-Bernard libres de neiges jusqu'à la fin de janvier. Les gens du pays disent que ce phénomène se présente une année sur quatre. — R.

III. — CAMPAGNE DE 1743

Cette campagne commença fort tard, soit par la lenteur ordinaire des Espagnols, soit que l'on se flattât d'obtenir passage du roy de Sardaigne par un traitté; ce prince habile traîna l'affaire en longueur. L'Espagne pour l'ébranler, obtint de la France douze bataillons de troupes auxiliaires qui formèrent un camp vers la fin d'aoust, à la Bessée sous les ordres de M. de Marcieu, lieutenant-général. L'armée d'Espagne se mit en mouvement au commencement de septembre. La cavalerie se rendit par Grenoble aux environs de Gap, et dom Philippe, avec l'infanterie, à Briançon sur trois colonnes, une par Nevache, une autre par le Galibier, et la troisième par la Ponsonnière, tout arriva le 8 septembre à la même heure sous Briançon et y campa sur deux lignes, depuis le mas des Chaix jusqu'à Champroüet le long de la plaine.

Comme cette armée étoit venüe sans provisions, on taxa le froment à 14 livres le quintal poids de Marc, la paille à 40 sous, le bois 18 sous le quintal; chacun portoit dans les magazins et l'on trouva, dans un païs assés étroit, pour trois semaines de subsistances.

Pendant cet intervale, la saison avançoit vers l'hyver; le roy de Sardaigne continuoit d'amuzer par la voye des négociations; on fit lentement travailler aux chemins de Briançon à Servières pour passer l'artillerie, et enfin, le traitté de Worms, conclu entre la reyne de Hongrie, l'Angleterre et le roy de Sardaigne fit ouvrir les yeux à l'Espagne. Ce ne fut que le 22 de septembre qu'on pensa de pénétrer en Piémont par le château Dauphin.[1] Quoyque cette saison fût plus propre à prendre des quartiers d'hyver, qu'à faire la guerre dans le plus haut des Alpes, les troupes se mirent en mouvement et marchèrent, deux colonnes d'Espagnols, autant de régiments de dragons, par le col d'Izoard, à Villevieille et à Molines, et quatorze bataillons de l'armée de dom Philippe avec les douze bataillons français passant par Guillestre, Seillac et le col du Fromage, furent camper à la Chalpronde, près de Saint-Véran.

1. Il se tint à Briançon un conseil de guerre composé de l'Infant des généraux espagnols et français et du sieur Bourcet. Ce dernier, après avoir démontré tous les obstacles qu'on trouverait pour déboucher dans la vallée de Château-Dauphin proposa de s'avancer sur trois colonnes dont deux se dirigeraient sur La Chenal par les cols de l'Agnel et de St-Véran, et la troisième par le col du Longet sur la vallée de Bellins dans le but de tourner les retranchements que le roi de Sardaigne avait établis à la Tour-de-Pont et au Villard sur la gauche de la Vraïta. Ce projet reçut l'adhésion de tous les membres du conseil sauf de M. de La Mina qui se refusa absolument à la troisième colonne dans la crainte, dit Bourcet (*Mémoires inédits*), « du succès qu'il voyait inévitable. Il n'avait que pour quinze jours de vivres et son projet n'était pas de passer l'hiver en Piémont. La conduite qu'il tint en cette circonstance prouve qu'il n'avait d'autre objet que d'engager la France, par un seul acte d'hostilité, à soutenir son alliance avec l'Espagne.

M. de Sauvigny, intendant de Dauphiné, fut chargé de pourvoir du nécessaire aux troupes françoises et d'agir de concert avec l'intendant d'Espagne pour la subsistance de celles de l'infant ; je fus fait subdélégué à la suitte de l'armée et le soin de faire vivre deux armées me fatigua beaucoup dans un païs, comme la vallée de Queyras, où il manquoit de bien de choses, et surtout de mulets pour les transports ; cependant, je m'en acquittai assés bien pour mériter d'en être gracieusé par l'infant.

On fit travailler en diligence aux chemins de Briançon au col de Lagnel pour conduire 12 pièces de canon de 12 et de 8 livres de balles dans la vallée du château Dauphin. Les troupes françoises partirent de leur camp de Saint-Véran le 5 octobre et furent camper sur le col du même nom, et celles d'Espagne, qui étaient à Molines, s'avancèrent au col de Lagnel et, le 6 octobre, tout arriva, par les deux débouchés, à la Chanal. L'artillerie étant arrivée, on fit l'attaque, le 7, de la tour de Pont, retranchée et palissadée, que le roy de Sardaigne fit abandonner après une légère résistance ; on fit les dispositions pour attaquer les retranchements de la droite et de la gauche. La brigade d'Anjou fut détachée pour tourner et gagner par le haut, les ouvrages apuyés à la montagne de Valente ; partie de cette brigade, comme les régiments de Beauce et de Gatinois, perdirent le sentier qui conduisoit sur la montagne, et, se trouvant dans un défilé le long d'un ruisseau, passèrent par les armes des Piémontois qui leur tiroient de leurs retranchements presque à bout portant ; ces régiments y perdirent beaucoup. L'attaque des Espagnols ne réussit point. Il s'éleva un tems affreux de neige, pluye et froid ; on tint le 9 octobre un conseil de guerre, à minuit, chez l'infant logé au village de l'Eglise, auquel tous les officiers généraux assistèrent et signèrent leurs avis ; la retraite fut unanimement résolüe ; on fit rétrograder l'artillerie et, le 10, au point du jour, on batit la générale, après avoir mis le feu au village de Pont. L'on se retira à la Chanal ; le roy de Sardaigne, qui avoit reçu la veille 7 bataillons et 14 pièces de canon, les avoit foit poster si à propos pendant la nuit qu'au dernier coup de baguette de la Générale son artillerie tira avec tant de violence, sur la colonne françoise, qu'il nous tua et blessa des soldats; il ne jugea pas à propos de faire arriver l'arrière-garde, persuadé qu'il étoit que les cols de Lagnel et de Saint-Véran, garnis de neiges et de glaces, feroient plus de mal à ses ennemis que toutes ses forces réunies.

En effet, le mauvais tems continua les 10, 11 et 12 octobre; les soldats mouroient de froid sur les cols, et ceux qui échapoient arrivoient à Saint-Véran et à Costeroux avec des pandeloques de glaces à la barbe et aux cheveux. Les Espagnols, gelés, se jettoient dans les maisons et jusques dans les fours; les chevaux et mulets de bat ne pouvant, à cause de la glace, grimper les montagnes rudes et escarpées, se précipitoient et roulaient avec les charges au bas des rochers dans les précipices; il couta beaucoup d'équipages.

Les mules catelagnes, quoyque bonnes, n'ayant point de prise à cause du terrain glacé et la montée rapide du col Lagnel, on fut obligé, après des efforts redoublés, de laisser l'artillerie de l'autre côté de ce col, aux trois quarts de la montée ; les équipages y furent volés et les bêtes périrent de froid ou de faim;

les escortes, pour se garantir de geler, brulèrent les charriots et affuts, on encloüa le canon et on l'abbandonna, M. de Lamina n'ayant pas jugé à propos d'employer les gens du païs pour achever de le monter à bras, ce qui auroit été exécuté avec de la dépense; j'insistais beaucoup sur cet expédient, mais j'ignore la raison qui le luy fit rejetter.[1] Enfin, l'artillerie fut perdüe et partie des mulets de trait. Le roy de Sardaigne la fit ensuite conduire en triomphe à Turin et se servit pour cela des mulets enlevés ou abandonnés par les Espagnols.

M. l'intendant étant parti de Villevieille le 8 pour se retirer à Grenoble, me laissa tous ses pouvoirs et ordre d'ouvrir ses paquets; ce fut le 10, au point du jour, que je reçus un courrier de M. de Chevert, major général, qui m'annonçoit la retraite. Nos bataillons françois arrivèrent les 11 et 12 à Saint-Véran et vinrent camper le 13 à Villevieille et, le lendemain, huit bataillons allèrent cantonner aux environs de Guillestre, et les quatre autres passèrent le col d'Izoard et vinrent aux environs de Briançon, je formay un hôpital d'entrepôts de nos blessés à Arvieux, qui furent transportés à Briançon par les communautés ou par les mulets de brigades.

[1]. Les douze pièces de canon de 4 que les Espagnols avaient empruntées à la France étaient remontées jusqu'aux deux tiers de la montagne, lorsque M. de La Mina, sous le prétexte de la gelée, ordonna qu'on brûlât les affûts et qu'on précipitât les pièces; quelques représentations que le sieur Bourcet ait pu lui faire qu'avec vingt ducats, on les ferait monter à bras d'homme jusqu'au sommet de la montagne, d'où on pourrait les ramener jusqu'au Château-Queyras. Ce qui donna lieu de croire que ce général l'avait fait exprès dans l'objet de piquer la France et de la porter à soutenir la guerre contre le roi de Sardaigne. Effectivement elle fournit jusqu'à la paix la quantité de 80 bataillons. (*Mémoires inédits.*)

L'infant, l'infanterie espagnole, deux régiments de dragons, les grenadiers royaux et les gardes du corps, passèrent de Queyras à Guillestre et, de là, par la grande route, toute l'armée se rendit en Savoye où elle prit des quartiers d'hyver. Ainsi finit l'expédition de la Chanal et la campagne de 1743. Le peu de succès qu'elle a eu a dû convaincre la France de l'importance d'Exilles et de Fénestrelles, qui ont été cédés au roy de Sardaigne par le traitté d'Utrek, en 1713, et de quelle conséquence il serait d'avoir ces deux clefs de l'Italie.

IV. — CAMPAGNE DE 1744

Je vais raconter en abrégé ce qui s'est passé sur cette frontière pendant l'année 1744, qui est la troisième campagne de l'infant en Dauphiné[1].

Comme les flottes de France et d'Espagne n'avoient point pu contraindre les Anglais à laisser la Méditerranée libre[2], on renonça au passage par mer; la France avoit promis un renfort de troupes sous le commandement de M. le prince de Conty; on résolut d'agir sur le Var et de conquérir le comté de Nice, et on s'y prit de bonne heure pour avoir fait une campagne dans le comté de Nice avant que de pouvoir entreprendre quelque chose dans les Alpes. L'infanterie espagnole partit de Savoye pendant le mois de janvier et se rendit en Provence par la route le long du Rhosne. La cavalerie suivit de prez, de même que 26 bataillons françois, et au commencement de mars on commença d'agir, et d'estre prets à passer le Var.

La rareté des fourrages dans un tems que la campagne ne fournit presque rien, la crüe de Var par la

---

1. La relation détaillée de cette campagne par le MARQUIS DE SAINT-SIMON, aide de camp du prince de Conti, a été publiée en 1770 à Amsterdam sous le titre : *Histoire de la guerre des Alpes ou Campagne de MDCCXLIV par les armées combinées d'Espagne et de France*, etc. — R.

2. Villefranche et son port servaient de retraite aux Anglais.— R

fonte des neiges, la difficulté des transports par terre, la mer n'étant pas libre, rien ne rebutta le prince de Conty. Les retranchements de Montalban furent forcés malgré leur situation et leur solidité, après plusieurs attaques. On y prit 5 bataillons piémontois et le marquis de Suze, frère naturel du roy de Sardaigne, y fut fait prisonnier; on attaqua Montalban et Villefranche, et, comme on s'étoit saisy de Souspello, le reste des troupes piémontoises s'embarquèrent sur la flotte angloise et furent transportées à Oneglia. Par cette retraitte, la conquette du comté de Nice fut achevée.

Les Espagnols firent ensuite quelques tentatives sur la route du col de Tende, s'emparèrent de Breglio et ne purent rien sur Saorgio; le marquis de Lamina s'avança du coté d'Oneglia; mais la difficulté des chemins pour l'artillerie, le roy de Sardaigne, qui était sur la hauteur d'Orméa prêt à descendre et à couper la retraitte, et, plus encore, la flotte angloise qui cotoyoit et qui auroit fort incommodé par son artillerie, fit renoncer à ce projet. Il fut résolu de miner Villefranche et Montalban, d'y laisser quelques troupes en garnison et de porter toutes les forces sur les Alpes. Pour cet effet, l'artillerie vint de Provence en Dauphiné et fut entreposée sous le mont Dauphin; celle qui étoit aux Diguières depuis l'année précédente fut aussy voiturée au même endroit par les bœufs des communautés des environs de Grenoble, tandis que 3,600 mulets levés dans l'Auvergne, Limozin, Languedoc et Dauphiné, voituroient de Saillants par le Luc, Aspres, Gap, Savines audit mont Dauphin, les bombes, boulets, poudres et autres munitions de guerre.

Le lieu de Guillestre fut choisy pour donner à douter au roy de Sardaigne quelle route on pouvoit prendre ; cet endroit étoit également à portée du Montgenèvre, du col Lagnel et du col de l'Argentière ; on fit travailler aux chemins pour l'artillerie au col de Vars et au Montgenèvre ; tout cet arrengement étoit bien monté.

Celuy des subsistances ne le fut pas si bien ; on avoit négligé pendant l'hyver et le printems de faire passer les voitures de grain et de foin par la grande et petite route. La fixation qu'on avoit faite de 3 sols 6 den. par quintal par lieüe étoit un prix trop bas ; les voituriers ordinaires ne travailloient point, et les communautés n'alloient que forcément, de sorte qu'il y avoit très peu de munitions de bouche, au commencement de juin, lorsque l'armée commença de passer du comté de Nice à Barcellonnette et dans le haut Dauphiné. Ce deffaut de précaution et le résilement d'un marché fait dans le mois de janvier précédent de 25,000 quintaux de fourrages et de 35,000 quintaux de grain, qui devoient être employés depuis Gap jusqu'à Briançon, firent fatiguer les communautés à un point extraordinaire.

On avoit fait faire 8 mille quintaux de farines, à Valence, qui étoient mal moulües, la saquerie mauvaise. Le transport éloigné par les différents mouvements ayant fait encore évaporer la fleur, cette farine arriva à Gap, Embrun et Guillestre hors de service.

M. l'intendant m'envoya un courrier de Nice pour aller veriffier cette denrée, qui se trouva hors d'usage ; j'avois été nommé et mis sur l'état de la Cour depuis le mois de janvier précédent en qualité d'inspecteur général des vivres pour le roy ; je n'avois pu aller à Nice avec M. l'intendant à cause d'une sciatique que j'avois gagnée à la campagne de la Chanal, de sorte que je fut fixé à Guillestre et y fis les fonctions de subdélégué pour le militaire jusqu'au 3 juillet, que M. l'intendant m'ayant envoyé le plan des attaques, me chargea de l'intendance et des pourvoirs aux subsistances de dix bataillons qui étoient commandés par M. le bailly de Givry et qui devoient agir par Bellins, en château Dauphin.

Les dispositions étoient faites de manière qu'il se devoit faire en même tems 9 attaques en tournant le pas appellé les Barricades, dans la vallée Dasture[1]. Les princes, par l'Arche, formoient celle du centre. M. de Castellar, lieutenant général espagnol, avec 14 bataillons venant par Sainte-Anne-de-Vinay[2] la droite, 2,500 Espagnols aux ordres de M. Campo-Santo, et dix bataillons françois aux ordres de M. le bailly de Givry, par château Dauphin, formoient celle

---

1. Le col de l'Argentière, qui débouche dans la vallée de la Stura, est le plus facile de toute cette partie des Alpes et, à cette époque, il était le seul praticable au canon. Aussi le roi de Sardaigne avait-il fait élever, en tête de la vallée, au point où elle est la plus resserrée, une traverse de plusieurs mètres de hauteur, revêtue des deux côtés en fascines, précédée de palissades et d'un chemin couvert, appuyée à droite et à gauche sur des rochers escarpés, et percée d'un tunnel pour laisser passer le torrent. Au-dessus des rochers étaient d'autres retranchements pour plusieurs bataillons qui achevaient de rendre la position formidable.
Les vallées de Bellins et de Château-Dauphin avaient également été fortifiées avec le plus grand soin. — R.

2. Le marquis de Castellar, dont les troupes partaient du camp de Saint-Étienne, devait tâcher de tourner la position des Barricades en se dirigeant vers les Planches, village en aval, par le col du Fer et les hauteurs voisines ; ce qu'il réalisa, pour ainsi dire, sans coup férir. — R.

de la gauche; les autres étoient entre deux comme M. de Lautrec, par la val de Maira, la Traversière etc.

Pour donner le change au roy de Sardaigne[1], on avoit fait camper depuis le commencement de juin 6 bataillons à Guillestre; les deux de Conty étoient cantonnés à la Salle et Saint-Chaffrey; on fit avancer ces troupes et une colonne d'Espagnols sous Briançon; on fit aussy avancer un train d'artillerie, à Sainte-Catherine, et, le 5 juillet, ces troupes furent camper au Bourget, le 6 à Bousson; elles firent des détachements jusqu'à Oulx, où se joignirent quelques Espagnols venus de Savoye par le col de la Roüe, et de suite le tout revint le 10 au Bourget, le 11 à Servières, le 12 Villevieille, le 13 séjour, le 14 à Seillac par le col de Fromage, le 15 au lac de Pratrouard, passant par celui de Cristillan, le 16 à la hauteur de Bon-Dormir, où il devait y avoir séjour le 17 pour attaquer le 18, en suite des signaux qui devoient partir à droite et à gauche des Barricades par des fusées, afin de donner partout en même tems.

Le 17, les mulets de brigades chargées de biscuits, eau-de-vie et plusieurs vivandiers furent attaqués dans le col de Longet, à la gauche, au débouché du

---

1. « Pour réunir dans les montagnes, dit Bourcet, il faut toujours chercher le moyen de donner le change à son ennemi. Ainsi avec le projet qu'on avait de passer par la vallée de la Sture, on devait faire des préparatifs et des dispositions pour l'attaque d'Exilles ou au projet de percer par quelqu'un des autres débouchés tels, par exemple, que celui de Château-Dauphin. »
Les attaques du prince de Conti s'étendaient du massif de l'Enchastraye à celui du Viso sur un développement de plus de trente lieues et ses dispositions furent si bien prises, conformément au principe que nous venons de rappeler, que le roi de Sardaigne, rassemblant le gros de ses forces dans la vallée de Château-Dauphin, dégarnit presque complètement celle de la Stura. — R.

col Lanière[1], par les Vaudois. M. de Givry avait manqué de faire garder ce pas comme je l'en avois prevenu ; les muletiers en partie abbandonnèrent les mulets chargés, l'autre coupa les cordes et laissa les charges, de sorte qu'il se perdit, en cette affaire, pour 3 jours de subsistances aux dix bataillons qui étoient partis de Villeveille le 14, payés pour 11 jours en pain et biscuits, en comptant les trois qui servoient ; cet accident derrangea mes mesures ; aucun mulet ne se trouvoit en sureté pour aller de Seillac et de Morin à Pierre-Longe, par le col d'Autaret au-dessus de Belins.

Le 18 juillet, il plût tout le jour ; il y eut cependant coups de fusils et quelques prisonniers faits à l'ennemi ; l'on fit les dispositions pour attaquer le 19 les retranchements. A 3 heures du matin, nos grenadiers et piquets, conduits par un berger du païs, passèrent par des sentiers dans les précipices et se trouvèrent dominer les retranchements des ennemis, qui en furent chassés ; on s'avança vers la redoute, et, à la faveur d'un broüillard qui la couvroit, on s'approcha sans obstacle jusqu'à la palissade ; on n'avoit pas eu la précaution de se munir de haches et pioches pour couper et arracher les pallissades ; nos grenadiers essuyèrent un feu terrible de l'ennemy et furent repoussés. M. de Givry fut blessé au genoüil ; M. de la Carte, lieutenant-colonel de Conty et brigadier, tué ; le régiment de Poitou, qui étoit à la tête de la colonne, tint ferme ; et les troupes, acharnées à emporter cette redoute, ne vouloient pas se retirer

1. Le col de la Nière donne, sur le versant italien, dans un petit vallon parallèle à la crête principale et à extrémité duquel débouche le sentier venant du col Longet. — R.

après qu'on eut battü la retraite et même donné ordre par écrit de se retirer ; enfin, après avoir perdu 800 hommes tués ou blessés, on emporta la redoute, deux pièces de canon, peu de prisonniers, parce que le soldat irrité fit main basse sur tout ce qui se trouva dedans ; les fuyards descendirent avec tant de précipitation la croupe de la montagne sur laquelle était la redoute qu'il s'en estropia beaucoup.[1]

On fut maître de cette importante redoute dans le tems qu'on s'y attendoit le moins. Le régiment de Travers-Grisons, qui étoit posté au bas pour empêcher que l'ennemy n'envoyât du secours, ayant entendu la retraitte, fit un mouvement et se forma dans la vüe de la favoriser à la brigade de Poitou ; l'ennemy crut qu'on alloit faire une nouvelle attaque ; il commença à fuir, ce qui donna occasion aux troupes qui étoient à la palissade et qui l'avoient en partie arrachée de se jetter dedans la redoute, bayonnette au bout du fusil.

Le roy de Sardaigne étoit à château Dauphin, à une lieüe de là ; il fit, pendant la nuit, descendre à Saint-Pierre toute son artillerie et évacuer tous les retranchements, et campa au-dessus de Saint-Pierre, à la Madona-de-Bessé ; peu après, au col du Prêtre, qui conduit de Saint-Pierre dans la vallée de Pô, près de Païsana.

---

[1]. La prise de cette redoute fut sans doute glorieuse, mais elle n'en est pas moins une faute puisqu'elle fit répandre le sang inutilement.

Le bailli de Givry avait l'ordre de se borner à une vigoureuse démonstration pour occuper l'ennemi ; il se laissa entraîner à faire plus et paya de sa vie cette imprudence. On a cherché à le disculper en disant que les pluies avaient retardé l'arrivée de l'officier dépêché par le marquis de Castellar pour le prévenir de la réussite de son attaque. — R.

Pendant cette violente action, les Barricades furent abandonnées sans coup férir; neuf bataillons, qui defendoient ce passage, se voyant prêts à être envelopés, se retirèrent à Demont; le prince de Conty s'avança à Vinay, l'on donna ordre à la cavalerie espagnolle, qui étoit aux environs de Sisteron, d'avancer; la françoise, qui était prez de Grenoble, en fit autant et tout se rendit pour faire le siège de Demont.

L'artillerie passoit, depuis le 15 juillet, le col de Vars avec succès; 100 paires de bœufs des environs de Grenoble, aux ordres de M. Gravier, subdélégué de Vizille, les montoient de Guillestre sur la montagne, et les équipages les prenoient là et les menoient en avant; les mulets d'artillerie portoient les bombes et boulets; bientot le transport de ces munitions, faute d'arrangement, fut ralenti; on fut obligé de commander des païsans des communautés pour porter des boulets de Guillestre à Saint-Paul sur le dos; cette rude épreuve avoit été sans exemple jusqu'alors et dura plus d'un mois.

Je ne puis m'empêcher de faire icy deux réflexions importantes sur le défaut d'arrangement de M. l'intendant, pour les subsistances et sur le peu de précaution des généraux à conserver les communautés ennemies pour en tirer des secours; les fourrages furent mis au pillage et cela fut cause que la subsistance manqua aux mulets de brigades qui ont péri, et le service au besoin a été exposé et fait forcément par les voitures des communautés avec des dépenses et des fatigues sans exemple.

1° Si M. l'intendant, comme je l'en avois prévenu par un mémoire envoyé à Paris au commencement de janvier, avoit fait pourvoir de bonne heure les magasins de Gap, Embrun et Guillestre et de Briançon par les deux routes de Grenoble, de grains et farines en donnant un meilleur prix aux voituriers, on n'auroit eu qu'à voiturer de ces entrepôts à Barcellonnette, par Vars, Ubaye et Seyne.

2° S'il avoit conservé et mis en magazin des fourrages dans la vallée d'Asture, les mulets des vivres et de l'artillerie auroient subsisté et voituré très abondamment de Barcellonnette à l'armée, les muletiers et vivandiers qui d'un côté auroient trouvé du foin et de la feinette, et qui, de l'autre, n'auroient pas été pris de force pour porter des farines, auroient voituré du vin et d'autres denrées, de sorte que la disette et la cherté n'auroient pas été dans cette armée.

3° L'on avoit prévenu que le marché qui fut fait à Grenoble avec le sieur Blanc de Gap, de trente mille quintaux de grain et vingt mille quintaux de foin ou paille étoit l'unique moyen d'assurer les subsistances si l'armée venoit dans le haut Dauphiné; on résilia ce marché qui étoit en partie exécuté, et cette denrée devint le salut des Espagnols.

De la part des généraux, il falloit : 1° Lorsque l'on vit que les Barricades étoient abbandonnées et que le roy de Sardaigne, soit en prenant le change comme on l'a crû, soit parce qu'il connaissoit l'importance du passage du château Dauphin, il falloit, dis-je, sans abbandonner entièrement la vallée d'Asture, faire marcher des troupes par Morin et Belins, après qu'on y eut emporté la redoute, attaquer le roy de Sardaigne à Saint-Pierre (son armée étoit en désordre, foible par la perte et la désertion après l'action du 19) et s'emparer des hauteurs de Saluce, mettre en contributions de danrées ces cantons dont on auroit fait des bons magazins.

2° La récolte étant pendante dans la vallée d'Asture il falloit, sans fourrager, faire tout mettre en magazin et distribuer avec économie, demander aux communautés des contributions en denrées et tenir bonne discipline pour qu'elles ne fussent point pillées; cela les auroit empêché d'abbandonner et de prendre les armes et on auroit pu en tirer de bons secours.

3° Si on n'avoit pas voulu, après l'affaire du château Dauphin, suivre les opérations pour ce passage, il falloit du moins laisser un bon corps de troupes dans le val de Maïra qui auroit empêché tous les enlèvements que les Vaudois ont fait et auroient rendu la communication jusqu'à Demont assurée pour les convois.

Enfin le projet d'attaquer par Exilles et Fenestrelle auroit été bien plus sûr s'il avoit été du goût des Espagnols; comme j'ay prouvé ce fait par un mémoire particulier, je passe au récit du reste des opérations.

Je m'établis, le 20 juillet, au château Queyras pour y faire faire le pain aux dix bataillons qui étaient à Belins, et l'envoyer à dos de mulets à ce camp par le col de Lagnel; il n'y avoit point de farines, on ne m'envoya que quelques brigades délabrées, point d'argent pour les payer; je fus obliger d'en emprunter, de faire voiturer les communautés, tant pour aller prendre des farines à Guillestre que pour porter le pain au camp. Les convois n'étoient point assurés à cause de la proximité des Vaudois; j'avois demandé de faire passer le bataillon de Béziers, milice de Languedoc, qui étoit campé et qui étoit inutile au col Longet, à celuy de Lagnel pour couvrir le passage ; les ordres furent expédiés et restèrent huit jours sans luy parvenir, de sorte que l'on me demandoit de l'armée ce qu'étoit devenu ce bataillon qui n'arriva à Saint-Véran que le 2 aoust et qui se retrancha au col Vieux.

Cependant les Vaudois qui avoient ordre d'empêcher la communication entre Queyras et Belins vinrent le 27 juillet à Abriez et Ristolas au nombre de 1,200 ; le sieur Rozier qui les commandoit fit notiffier aux communautés de la vallée de Queyras, Servières, Seillac et Vars de payer sur-le-champ, à peine d'être pillées et brûlées, 32,479 liv., monnoye de Piémont, de contribution pour le mois ; il fit payer Abriez Ristolas, il envoya un détachement au point du jour à Aiguilles qui mena des otages et qui vint jusqu'à Villevieille, où l'équipage de M. de Chevert, brigadier, manqua d'être pris. Le bataillon de Carcassonne-milice, étoit au château Queyras, mais réduit, par les maladies et les recrues qu'on en avoit tiré, à 150 hommes ; il fit un détachement dans le bois de l'autre côté du Guil, à l'approche duquel le peu de Vaudois qui commençoient à piller Villevieille se retirèrent, et on leur porta la contribution ensuite.

Je fis partir un exprez à M. l'intendant au quartier général de Sambuc pour l'informer de la demande des contributions, qui me fit réponse de me servir de tous les moyens pour faire sçavoir au commandant des Vaudois qu'il exigeoit la contribution sans ordre du roy de Sardaigne qui n'étoit point en guerre avec la France, que si malgré cette représentation, il persistoit à vouloir piller et brûler, de permettre aux communautés de payer, mais d'assurer ce commandant de Vaudois que M. le prince de Conty sçavoit doubler et tripler les contributions, et que la Savoye, comté de Nice, et le païs qu'il occupoit et espéroit occuper répondroient au centuple des dommages et torts qui seroient faits aux sujets du roy.

J'envoyoi ma lettre par un tambour à Luzerne; le sieur Rozier, ayant ouvert le paquet, demanda un homme pour envoyer au quartier général du roy de Sardaigne, sans doute pour avoir ses ordres, renvoya mon messager et le chargea de me dire que la réponse qu'il avoit à me faire étoit qu'il ne marchoit pas sans ordre.

Trois jours après, je receus la réponse qui luy fut envoyée telle du roy de Sardaigne; elle est assez remarquable par ses termes pour être raportée entière icy :

« Monsieur,

« J'ay reçu la lettre que vous m'avez fait l'honneur
« de m'écrire avec copie de celle que vous écrit M. de
« Sauvigny, je vous diray Monsieur que ce n'est pas à
« moy d'entrer, s'il y a guerre ou non, entre le Roy
« mon maître et S. M. T. C. Je sçay seulement que la
« Savoye et Comté de Nice ont payés la contribution
« soit fournitures ou danrées au quadruple des char-
« ges qu'elles payent à leur souverain, et qu'à mezure
« soit que les armées d'Espagne ou de France sont
« avancées en deçà des monts, elles n'ont suivies
« d'autres règles que celles de piller, saccager, en
« emporter tout.

« Sur cela MM. les généraux m'ont chargé d'agir de

« représailles sur tous les États de S. M. T. C., a bien
« de choses près qu'ils m'ont déffendu.

« La disette des vivres à Queyras m'a engagé à
« demander de l'argent; je suis mortiffié, Monsieur,
« de m'être manqué de terme et d'avoir donné le nom
« de contribution à ce qui n'est que représailles.
« Quant aux menaces de M. de Sauvigny contre les
« autres États du Roy mon Maître, vous pensés, Mon-
« sieur, que lorsqu'on débute en entrant dans un païs
« pour tout enlever on ne sçaurait guère aller plus
« loin.

« J'ay l'honneur d'être (etc.),
« Signé : ROZIER. »

Il falloit redoubler de soins et de précautions pour que la division de château Dauphin peût subsister; un capitaine et un lieutenant de Carcassone furent postés dans l'église et cimetière d'Aiguilles pour boucher cette gorge; 800 Vaudois les y vinrent attaquer et les prirent prisonniers.

La nuit du 9 au 10 août la tranchée fut ouverte devant Demont; le 17 les batteries furent en état, on tira des boulets rouges, et le même jour un de ces boulets mit le feu à un revêtement de facines dont le donjon était environné et au gouvernement; cet embrazement qu'on ne put éteindre et la proximité des magazins à poudre entourés de flammes, épouvanta la garnison; elle se rendit prisonnière de guerre. L'on fut, contre toute attente, maître du fort, de toutes les munitions de bouche et de guerre qui ne furent pas brulées.

Cette place prise, on marcha pour le siège de Cony; on manquoit d'infanterie pour investir la place, on fit marcher par Estropo la division de Belins, le 11 d'aoust; par cette marche on découvrit la communication de la vallée d'Asture, qui fut souvent insulté malgré les escortes et les troupes qu'on y avait placées par échellons, depuis l'Arche jusqu'à Izon.

Cony est une place forte, d'une scituation très avantageuse entre les rivières de l'Asture et la Gessa ; si on avoit formé l'attaque du cotté de cette dernière rivière qui est son plus faible, on auroit sûrement réussy [1]; après l'ouverture de la tranchée, on travailla

1. Razaud, qui commandait les ingénieurs, préféra faire attaquer entre la Sture et la Gesse parce que l'attaque perpendiculairement à la Gesse dont parle Brunet eût forcé à établir plusieurs ponts sur ce torrent qui est sujet à des crues extrêmement violentes. Au moment du siège il s'en produisit justement une qui enleva les ponts déjà existants. Quant à la Sture elle était si rapide que le seul pont qu'on pût construire sur son cours le fut de la manière suivante :
« A l'endroit où le torrent était le plus resserré et où ses bords étaient le plus élevés, on plaça douze cables parrallèlement et à un demi-pied l'un de l'autre, arrêtés ensemble solidement par des cordes qui les traversaient. On les couvrit transversalement de planches de huit pieds de longueur, qu'on attacha sur les cables moyennant de petites cordes passées à travers ces planches dans leur extrémité et dans le centre. On éleva ce pont sur des chevalets placés sur les deux bords de la rivière à la hauteur de dix pieds, et l'on fit une rampe de terre pour y arriver. La Sture était si rapide que le nageur le plus habile n'aurait pu la traverser; on fut obligé d'attacher au bout du pont un cable qui tenait à une ficelle, qu'on lança de l'autre côté par le moyen d'une pierre qu'on y attacha. Les ouvriers qui travaillaient de l'autre côté de la Sture à faire la rampe et à préparer la descente du pont, reçurent la pierre et tirèrent avec la plus grande peine le pont à eux ; car le torrent l'entraînait lorsqu'il fut à flot, quoiqu'on eût pris la précaution de le jeter plus haut que la place qu'il devait occuper. Les cordes arrêtées sur le chevalet aux deux bords, quelque fortement qu'on les pût tirer, ne purent jamais se tenir dans une direction horizontale, et surbaissaient considérablement dans le centre. Le pont avait plus de cent cinquante pieds de longueur, sans aucun point d'appui. Cet inconvénient ne le rendait propre que pour les gens de pied. » (MARQUIS DE SAINT-SIMON. *Guerre des Alpes*. Amsterdam, 1770, page 134.)

longtemps à éventer les mines en grand nombre qu'on croyait être au front de l'attaque, de sorte que ce siège n'avançoit pas ; on ne reconnut que tard qu'il falloit faire des dispositions pour battre la place du cotté de la Gessa, mais il n'étoit plus tems ; la saison avancée, et les pluies qu'il fit et qui grossissoient les rivières surtout dans les montagnes, formèrent de nouveaux obstacles pour exécuter ce dernier plan ; la disette des fourrages dans la valle d'Asture rendit bientôt les transports des subsistances (dans une longue communication), difficiles ; les mulets des vivres et des communautés de Dauphiné périssoient de faim ou étoient enlevés par les Vaudois, et la crue des eaux ayant emporté plusieurs ponts, le pain manqua pendant quelques jours, et l'armée fut réduite à manger des chataignes.

Pendant que les troupes galli-espagnolles étoient occupées devant Cony, le roy de Sardaigne était campé prez de Stafarde, ayant derrière lui les vallées de Luzerne et Pignerol ; il s'y renforça peu à peu tant par les troupes que le général autrichien luy envoya, que par les siennes qu'il avoit fait toutes rassembler. Lorsqu'il vit qu'on prenoit le party d'attaquer Cony par la Gessa, il fit les dispositions pour faire lever le siège ; il s'avança, le 29 septembre, à la Madona de l'Olme, et présenta la bataille qui fut sanglante. Il fut repoussé avec perte ; le succès fut deub à l'artillerie françoise, qui foudroya son infanterie ; elle recula en désordre, mais elle ne put être poursuivie par la cavalerie françoise et espagnolle, parce que ce prince habile avoit eu la précaution de faire garnir les bords d'un canal (ou *naville*,) de chevaux de frize si bien disposés qu'il ne fut pas possible à la cavalerie d'aller plus avant.

Pendant l'action de Notre-Dame de l'Olme, le roy de Sardaigne avait fait attaquer par 4,000 Vaudois, païsans ou compagnies franches, le bourg Saint-Dalmas, où étoient nos magazins et nos hôpitaux; le régiment des Landes deffendit valeureusement ce bourg pallissadé, repoussa les Vaudois; un renfort qui arriva acheva de le mettre en fuitte. La nouvelle de la perte de la bataille à l'Olme dispersa les ennemis qui abbandonnèrent l'attaque et se sauvèrent dans les montagnes.

Il faut convenir que le roi de Sardaigne avait pris des mesures si justes que, s'il avoit gagné la bataille et que le bourg de Saint-Dalmas eût été forcé et les ponts sur l'Asture rompus, il ne s'en revenoit personne à moins de luy avoir demandé un passeport pour l'armée.

Après la journée de l'Olme, on continua le siège de Cony avec peu de succès. Le mois d'octobre n'étoit pas propre à cette opération; il étoit à craindre de voir les Alpes se couvrir de neiges; les maladies diminuoient tous les jours l'armée, et les subsistances devenoient plus rares et plus difficiles à transporter, ce qui détermina l'infant et le prince de Conty à faire lever le siège; on retira peu à peu l'artillerie à Demont, où toutes les troupes se replièrent.

On avoit fait réparer en bois, à la hâte, partie de ce que le feu avoit brûlé à Demont. On balança longtemps, si l'on garderoit ce fort pendant l'hyver en le munissant de tout; on fit pour cela assembler à Grenoble, Lyon et Marseille des approvisionnements de viandes sallées en barrils, lards, légumes, etc., qui furent voiturés à Barcellonnette et à Briançon ; ceux qui étoient du sentiment de laisser un maréchal de camp avec environ 1,200 hommes, munis de tout hyverner dans Demont, soutenoient que le roi de Sardaigne ne les pourroit pas assiéger pendant l'hyver ; que l'artillerie nombreuse seroit là, en dépôt; que la campagne 1745 pourroit commencer de bonne heure, si on gardoit cette forteresse, et qu'elle assuroit les opérations ultérieures. Ceux qui étoient du sentiment contraire soutenoient qu'il était impossible de communiquer de Barcellonnette à Demont par le col de l'Argentière à cauze des neiges; ils parlaient du peu de sûreté et de subsistances qu'il y avoit dans la vallée d'Asture, par les difficultés qu'il y auroit de munir si bien le fort que la garnison assés nombreuse ne manquat de rien pendant six à sept mois qu'elle serait bloquée de façon à ne sortir pas de la place ; ils disaient qu'il restoit encore assés de tems avant les grands froids au roy de Sardaigne pour en faire le siège avec toutes ses forces ou de le commencer au mois d'avril et prendre la place avant qu'il pût arriver aucunes troupes par le col de l'Argentière fermé par les neiges jusqu'à la fin de juin ; que, dans l'un et l'autre cas on perdoit avec la place, la garnison et toute l'artillerie; qu'il la falloit ramener et faire sauter les fortifications.

Comme un des deux partis à prendre, ou de rester et garder Demont pendant l'hyver ou de démolir, dépendoit de la décision concertée des cours de France et d'Espagne, on se prépara à l'un et à l'autre ; en attendant les ordres, tandis qu'on approchoit à grands frais toutes les provisions nécessaires si on restoit, on employa un grand nombre d'ouvriers à miner les fortifications pour les faire sauter si on abbandonnait.[1]

Enfin, l'ordre vint de retirer tout à Jauzier ; on mit en mouvement l'artillerie qui couta beaucoup de peine et de dépense pour ramener à Barcellonnette (souvent à bras d'hommes) plus de cent bouches à feu ; elle parvint sur le col de l'Argentière et on la descendit à Jauzier, qu'on fortifia d'un épaulement en terres. Pendant qu'on étoit occupé à cette évacuation, on chargeoit toutes les mines ; on y mit des saucissons, et, malgré toutes les précautions qu'on avoit prises, il ne sauta qu'une partie du fort de Demont; la plus considérable fut du cotté de la porte. Enfin les armées, après avoir amené toute l'artillerie et l'avoir parquée à Jauzier, se séparèrent. L'infant et les Espagnols furent, au commencement de décembre, prendre des quartiers en Savoye; le prince de Conty alla à Paris et les troupes françaises prirent leurs quartiers en Provence et en Dauphiné. Ainsy se termina cette longue et pénible campagne.

---

1. Bélidor fut chargé avec la compagnie de mineurs de Turmel de démolir Demont. (Bélidor était alors attaché comme lieutenant-colonel à l'État-major du prince de Conti). Il a décrit cette opération dans son traité de la *Guerre souterraine*. — R.

V. — CAMPAGNE DE 1745

Le commandement de l'armée fut donné à M. le maréchal de Maillebois, sous les ordres de l'infant ; M. de la Porte, intendant de Dauphiné, le fut de l'armée à la place de M. de Sauvigny fait intendant de Paris. Comme on étoit maître du comté de Nice, et qu'on avoit résolu d'opérer par la rivière de Gênes, on entra de bonne heure en campagne. Les armées s'avancèrent sur Saint-Remo, Oneglia etc., après avoir chassé les ennemis de Dolceaqua et des autres postes. A la faveur des magazins et du traité que firent les Gênois, on parvint à faire la jonction avec l'armée du comte de Gages sur les terres de la République ; on se trouvoit alors en force, bien approvisionnés ; les Génois entreprirent le siège de Saravalle, et les armées combinées, après avoir pris tous les postes de la rivière de Gênes, s'avancèrent sur Tortonne qui fut assiégée ; pendant le siège de Tortonne, 800 chevaux d'artillerie voiturèrent par le col de Vars au Montdauphin toute l'artillerie française et espagnole qui avait servi au siège de Cony, et prise dans Demont, et qui avoit été entreposée pendant l'hyver à Jauzier.

M. le Maréchal de Maillebois, qui avoit en vüe, après la prise du chateau de Tortonne, de faire faire une diversion sur les Alpes pour seconder ses vües, et obliger le roy de Sardaigne d'abbandonner le camp avantageux qu'il occupoit à Monte-Cartello, écrivit à M. le comte de Lautrec, qui vint commander à Barcellonnette, de tenter le siège d'Exilles, et on luy leva les premiers jours d'aoust les 3 bataillons du régiment Lyonnois, de sorte qu'il resta avec 1 bataillon de Gatinois, 1 de des Landes, 2 de Salis-Grisons, partie d'un bataillon de Royal-artillerie, et 250 fusiliers de montagne. Il m'écrivit le 14 du même mois; je me rendis à Jauzier incognito chez le sieur Raynaud munitionnaire; nous fimes pendant la nuit toutes les dispositions pour l'investissement d'Exilles; le lendemain, je fut voir M. de Lautrec qui ne fit point semblant de me connaître et, par ce moyen, personne ne pénétra ni le sujet de mon voyage, ni les vües du général. Le plan fut envoyé à M. le maréchal qui l'approuva, mois il manqua par le déffaut des ordres de l'infant qui ne furent point envoyés assés tôt en Savoye pour la marche des Espagnols par la Maurienne afin d'occuper la droite des hauteurs d'Exilles. Vers la fin du mois d'aoust toute l'artillerie qui étoit à Jauzier fut voiturée à Montdauphin; M. de Lautrec fit courir le bruit qu'il avoit ordre à se rendre avec les troupes dans le comté de Nice; il me dépécha le chevalier Dérre, capitaine au régiment des Landes, qui passa secrètement en Savoye pour faire marcher les Espagnols, mais M. de Sada, gouverneur, n'avoit point encore receu les ordres de l'infant. Cependant M. de Lautrec avoit fait passer aux troupes le col de Vars; le 1er septembre, il fut fait un détachement de mille hommes à Guillestre, aux ordres du lieutenant-colonel des Landes, de Gatinois, de Salis qui furent camper, le

3, à Villevieille et qui avoit une ordre simulé d'avancer le 3 au col Lagnel ; mais, ayant receu le véritable au point du jour, cette troupe prit la gauche, passa le col de Péas et vint camper au Bourget ; le même jour, le général, avec ce qui luy restoit de troupes, vint de Guillestre à Briançon, où personne ne l'attendoit.

Le chevalier Derre étant arrivé de Savoye et ayant raporté que les Espagnols n'avoient point ordre pour marcher, il fut tenu conseil. Il n'y avoit en tout que 2,500 hommes de troupes, compris les mil de la colonne de la gauche qui avoit passé de Guillestre à Queyras, et de là au Bourget ; il falloit faire un fort détachement par la droite pour remplacer les Espagnols ; il ne restoit que peu de monde au centre. Il fut presque résolu d'abbandonner le projet ; je représentoy fortement que la démarche étoit faite, qu'il ne falloit point abbandonner une entreprise conduite avec tant de secret et de prudence, que 600 hommes choisis suffiroient pour se rendre maître des cols de Toungle, Quatre-Dents, Ramas et Chapelle-Blanche, où ils ne pourroient que difficilement être forcés.

Le général après avoir meurement pesé les raisons pour ou contre se détermina à suivre le premier plan ; il détacha de Briançon M. de Goüis colonel de Gatinois, le sieur Camus, ancien capitaine partisan réformé, qui connaissoit bien le païs, et 600 hommes choisis qui furent par le col de l'Echelle, le 4 septembre, à Bardonnèche.

Le même jour le quartier général, avec environ 900 hommes, fut à Cézanne et la division du Bourget au col de Sestrières où le sieur Capret, capitaine de Salis-Grisons, fut laissé avec 300 hommes et s'y retrancha avec beaucoup de précaution et de travail sur une éminence izolée qui est au millieu de ce col et ce poste important fut rendu très respectable.

Le surplus de ce détachement de mil hommes se rendit le 5 au col de la Plane, où il se retrancha assés mal, aux ordres du sieur Lasbordes, lieutenant-colonel des Landes; le même jour le quartier-général fut de Cézanne à Salebertrand. On y fit prisonnier en arrivant un entrepreneur des fortifications d'Exilles; pendant la nuit on envoya une garde de fusiliers de montagne à Eclauses et une au Serre-de-la-Voûte à vue du fort.

La division de la gauche fut coucher de Bardonnèche dans les montagnes de Rochemolle et passa le 6 par les Embins, par Vallon au-dessus de Saint-Colomban après avoir traversé les Glacières, chassa quelques troupes et païsans qui étoient sur les hauteurs et s'empara de tous les postes de la gauche, tandis que de Cote-plane, le sieur Dazi avec 400 hommes marcha en même tems et à même hauteur à la droite au col d'Argeüil et sur le plateau de l'Assiette. Ce fût ledit jour, 6 septembre, que le général, étant allé au-dessus du village des Deveis reconnoître le fort, vit arriver, en même temps, ses troupes de droite et de gauche sur les hauteurs qui le dominent.

Jamais marche n'a été mieux concertée ni dispositions exécutées avec plus de secret; sans un déserteur d'un bataillon d'Aix-milice, les troupes arrivoient dans les vallées sans qu'on sçut rien. Je fis des ordres pour les fournitures des pioniers, pour les chemins nécessaires au passage de l'artillerie, bois, paille pour les camps, foins et grains pour les chevaux; la discipline fut étroitement recommandée aux troupes, et le général la fit rigoureusement observer.

Comme on étoit certain qu'il n'y avoit point de canoniers dans le fort, et pour empêcher qu'il n'entrât ainsy que d'autres secours on résolut de rompre le pont sur la Doire qui est sous et en avant de la place et qui communique d'Exilles à Chaumont; M. de Villeneuve colonel des Landes, fut commandé avec 300 hommes et 50 païsans munis de haches, scies et pinces pour faire démolir ce pont, tandis que le sieur Camus avec un détachement des Ramas se rendit à Séels pour couper la fontaine qui donnait de l'eau à la place; cette dernière opération réussit, mais le pont fut raté en forme; le lendemain, il entra 11 canoniers venus en poste de Turin dans Exilles et, la nuit du 8 au 9, on coupa le pont, mais un peu trop tard.

La nuit du 10 au 11 le général fit occuper le bourg d'Exilles et le village de Séels; il arriva le bataillon de Rhodèz-milices et le régiment de Foix, qui venoit de Lyon, joignit le 14; on fit fournir par les communautés 6,000 fascines et 18,000 piquets; la compagnie d'ouvriers fit les ponts sur la Doire et le ruisseau de Galambre pour le passage du canon. On demanda des pionniers en Dauphiné et Savoye; il fut construit des fours à Salebertrand ; les farines y furent abondamment voiturées de Briançon par les communautés à 35 livres le quintal et 12 cents mulets, levés à la hâte dans la province, furent occupés au transport des fers, des poudres, etc., depuis le Montdauphin jusqu'au village des Deveis, ou le parc du siège fut étably, l'artillerie passa le Mont-Genèvre et arriva en deux jours de Cézanne au parc.

Il est assés ordinaire que les ingénieurs et les officiers d'artillerie ne soient pas d'accord sur les opérations d'un siège ; ce qui ne manqua pas d'arriver à Exilles. M. de Brostel maréchal de camp, et de Turmel brigadier commandant l'artillerie n'approuvoient rien de ce que faisoit le sieur Le Blanc qui étoit employé par le général à faire travailler aux chemins; ces deux officiers, à qui le secret de l'entreprise n'avoit pas été communiqué, n'oublièrent rien pour la faire échouer ; ils soutenoient qu'on ne pouvoit pas, dans un mois, mener l'artillerie du parc aux batteries que les uns soutenoient devoir être au Serre-de-l'Infernet, et les ingénieurs à la droite au plateau vis-à-vis le fort en passant le pont des Jambons; les premiers démontroient que la place ne tiendroit pas trois jours en la battant avec 12 pièces de grosse artillerie du Serre-de-l'Infernet qui n'étoit qu'à 200 toises des ouvrages, qui seroient pris de revers et découverts, de manière que personne ne se montreroit pour les deffendre, que la batterie de la droite ne feroit aucun effet certain contre des rochers revêtus de maçonnerie et qu'en supposant qu'on feroit brèche, il ne seroit pas possible d'approcher la place à cause de la rivière et des escarpements qui étoient entre elle et cette batterie.

Enfin le général alla visiter les lieux et se décida pour le Serre-de-l'Infernet. On chargea le chevalier de Griaume, officier d'artillerie expérimenté, de la conduite des travailleurs pour faire le chemin depuis les Deveis jusqu'au Serre-de-l'Infernet, et il parvint à le perfectionner en très peu de tems.

Quoyque les Espagnols eussent deû arriver depuis

le 4 septembre et occuper la gauche, ils n'arrivèrent que le 17 : un bataillon du régiment de Burgos en bon état et sept bataillons suisses au service d'Espagne ne composant pas 1,200 hommes, sans tentes et désertant par bandes; on envoya deux bataillons à Chaumont, un à la Coche et le reste au Sauze-d'Oulx pour garder le col du Bourget et le pic de l'Aigle.

Le commandeur de Rossi, général major du roy de Sardaigne, avec 4 bataillons, quelques compagnies franches et 1,500 Vaudois, faisoit la navette, par le col de la Fenêtre, de Suze à Prajelas et attaquoit tantôt les postes de Ramas, tantot Cote-plane et souvent Sestrières, mais toujours infructueusement. Pour être moins inquiété, le général plaça des troupes à Godissard, à Clot-Rousset, au col d'Argeüil et fit garder la redoute de la Crevasse, de sorte qu'il y avoit, depuis le plateau de l'Assiette jusqu'à la vue du fort, une ligne diagonale qui couvroit également les avenues de Prajelas et celle de Suze par Chaumont qu'on avoit abbandonnée et où il n'alloit que des détachements pour en tirer des subsistances.

La communication depuis le Montgenèvre jusqu'à Exilles le long de la Doire, étoit asseurée au moyen d'un bataillon à la Coche, un à Roulière observant les gorges des Tures et des Planes, et un autre à Saint-Sicaire ; ces troupes étoient à portée de secourir dans le besoin le fort de Sestrières qui fut souvent attaqué sans succès ; il y avoit aussy deux piquets au col de la Roüe et un au pont de l'Ange-gardien entre le bas Bourget la Prévoté d'Oulx.

Cependant, le 23 au soir, l'ennemy attaqua le poste de Cotte-plane ; on fusillia beaucoup de part et d'autre sans effet; nos fusilliers qui occupoient une hauteur, ayant tiré de loin toutes les munitions au vent, l'abbandonnèrent, et l'ennemy y ayant pris poste tiroit dans les retranchements ; l'officier qui commandoit écrivit au général qu'il étoit entouré et qu'il n'avait pas de retraite à espérer ; la générale battit à minuit au camp de Salebertrand, on monta la montagne et les ennemis se retirèrent à leur camp de Patemouche.

Le 24 septembre, la nouvelle arriva que le Roy de Sardaigne, ayant été forcé par nos troupes de quitter son camp de Monte-Castello, avoit passé le Pô avec son armée. M. le maréchal avoit écrit à M. de Lautrec qu'il ne pouvoit pas l'observer et de prendre garde à son artillerie ; on fit voir des lettres d'officier de l'armée qui disoient que ce prince marchoit avec un corps de troupes au secours d'Exilles, où il pouvoit arriver en peu de temps ; cela fut confirmé par plusieurs déserteurs des ennemis. Il fut tenu conseil, où il fut résolu de renvoyer l'artillerie au Montgenèvre, et expédié un courrier à M. le maréchal.

Cependant le pont sur le ruisseau de Galembre étoit finy ; celuy pour traverser un rocher revêtu de gazon et plein de sources d'eau, qui empêchoit de faire le chemin pour mener le canon sur le serre de l'Infernet, étoit presque achevé ; les fascines, gabions, lambourdes et madriers pour les batteries étoient déjà avancés jusqu'au moulin de Saint-Colomban et le commandant d'Exilles faisoit travailler à défaire les toits des bâtiments civils de ce fort; on ordonna que le canon partiroit des Deveis ; les officiers d'artillerie qui n'étoient pas du gout du siège exécutèrent l'ordre avec promptitude et, au lieu de laisser le canon sur le Montgenèvre, ils le firent descendre à la Vachette.

Le retour de l'artillerie, consterna les troupes et surtout le peuple des vallées; l'embarras que causoient les affuts et charriots depuis Cezanne jusqu'aux Clavières ne permit pas d'y faire passer les poudres, bombes, boulets, et les farines qu'il falloit évacuer en même temps; on fit passer tous les mulets par Bardonnèche et le col de l'Echelle, qui arrivèrent à Briançon et aux Trois-Têtes sans gêner le canon dans le chemin étroit.

L'évacuation fut finie le 27 septembre; le 28, M. de Gouy se replia avec les troupes qu'il commandoit aux Ramas et à la Chapelle-blanche; on fit mettre le feu aux fascines, piquets, gabions, madriers et autres provisions de siège, rompre les ponts de Galambre, et le chemin qui est de là sur pilotis; le 29, jour de Saint-Michel, le quartier général vint coucher à Oulx; le pont de Ventoux fut gardé par le régiment de Foix.

La Cour n'avoit jamais compté sur la réalité du siège d'Exilles, quoyque M. le maréchal de Maillebois, qui voyoit cette place si bien investie et qui croyoit que la diversion que feroit le roy de Sardaigne à ce sujet faciliteroit ses opérations, écrivit à M. de Lautrec de le tenter, qu'il n'étoit pas dans une position à empêcher le roy de Sardaigne d'envoyer du secours, mais qu'on prit garde à l'artillerie.

Le serre de l'Infernet où l'on devoit mettre les batteries pour agir avec succez est scitué de façon qu'on ne pourroit en retirer l'artillerie qu'à bras d'hommes, s'il arrivoit un secours qui fit lever le siège, et en ce cas il falloit l'abbandonner. Au premier bruit de l'attaque, tous les pionniers se seroient sauvés; il n'y avoit pas assez des troupes pour combattre et remonter le canon; le roy de Sardaigne pouvoit, en trois marches, venir où envoyer des troupes. Toutes ces raisons, murement examinées dans le conseil de guerre auquel j'assistay, firent prendre le parti de la retraite pour ne pas risquer la perte de l'artillerie, et ce fut contre mon avis.

Les troupes ne restèrent à Oulx que la nuit du 29 au 30 pour attendre que les postes de l'Assiette et de Cotte-plane se fussent repliés; elles vinrent camper entre Saint-Sicaire et Chanlas-du-Col; le poste de Sestrières fut renforcé; on demanda pour contributions aux vallées ce qu'elles redevoient d'impositions au roy de Sardaigne; il fut inséré dans les ordres que, malgré les sommes exhorbitantes que l'on exigeoit de la part de la Cour de Turin à Queyras et à Servières, on se contentoit des impositions, mais que si on continuoit à faire payer aux sujets du roy, contre toute sorte de règles, dix fois plus qu'ils ne payoient d'impositions, les communautés du roy de Sardaigne le rendraient au double. Ces ordres firent effet; on cessa de demander à Queyras et à Servières, et le produit des contributions des vallées ne fut que 21,500 liv. monnoye de Piémont, qui, à force de sollicitations, furent données aux communautés briançonnoises pour les indamniser pour autant de contributions qu'elles avoient été obligées de payer depuis le 1er août 1744.

Le comte de Lautrec resta tranquille à Cezanne, il fit des petits détachements pour enlever deux compagnies franches ennemies qui étoient à Bardonnèche; pour cela 150 fusiliers de montagne partirent à l'entrée de la nuit de Cezanne, et passèrent par Désertes, les Soubras, de là à Beaulard, pour s'aller embusquer à un petit pont, tandis qu'un détachement du bataillon de Rhodès-milice qui étoit à Nevache passa par le col de l'Echelle pour envelopper une garde de 20 hommes qui étoit au Melèzet, et de là entrer dans le bourg ; mais ce dernier détachement, étant arrivé au Melèzet trop tôt, la garde fut prise ; il ne s'en échappa qu'un seul homme qui donna l'alerte à Bardonnèche ; tout se sauva alors avec précipitation avant que les fusiliers fussent arrivés au défilé qu'ils devoient occuper et qui assuroit la prise de 200 hommes.

Le commandeur de Rossi général-major du roy de Sardaigne étoit campé vis-à-vis Patemouche au delà du Cluzon avec 4 bataillons, 3 compagnies franches, et 1,100 Vaudois ; ce camp entouré de ravins impraticables, sur la croupe d'une montagne rapide ayant : à sa gauche, le village de Josseau, derrière, le col du Pis qui communique de la vallée de Prajelas dans celle de Saint-Martin ; à la droite, un rideau couvert de bois pour se retirer à Fénestrelles ; devant, la rivière de Cluson ; et favorisé pour une batterie de 4 pièces de canon de 4 liv. qui balayoient les débouchés du Duc et de Laval par où l'on pouvoit l'attaquer, paroissoit inexpugnable. Cependant comme il ne restoit que cette seule opération à faire pour compenser l'expédition d'Exilles manquée, que le général avoit beaucoup de confiance à la connoissance que j'avois du païs, le sieur Desbenes, capitaine dans le régiment de Landes et officier d'expérience, ayant reconnu que le camp ennemy pouvoit se tourner ainsy que je l'avois proposé, je fis en secret un plan de dispositions qui fût murement pesé par le général seul; il resolut de l'exécuter, la nuit du 10 au 11 octobre.

Pour ne donner rien à connoître, je fis partir de Cezanne, le 10 au matin, 38 caisses de cartouches pour le fort de Sestrières sous prétexte de l'approvisionner; sur les six heures du soir, le général fit venir tous les officiers qui devoient commander des colonnes, il leur donna à chacun des instructions de ce qu'ils avoient à faire et des guides qui étoient prêts ; chacun se rendit à sa troupe; la retraite servit de générale; on laissa les tentes tendües et tout se rendit avant onze heures du soir sur le col de Sestrières. Le général y marcha et je partis avec l'hôpital ambulant qui avoit eu ordre d'être tout prêt et chargé pour aller à Oulx ; ayant passé le pont de Cezanne, je me mis à la tête, et, par Saint-Sicaire, je le conduisis à Sestrières où je trouvay M. de Lautrec qui me dit que la principalle colonne commandée par M. de Gouy, qui marchoit par la gauche, n'étoit partie qu'une heure après minuit ayant trop resté à distribuer les cartouches ; je lui dis ces seuls mots : «Tant pis, Monsieur, elle arrivera au moins une heure trop tard.» L'événement le justifia. Le général et les troupes du centre partirent et nous arrivâmes au village du Duc à la pointe du jour.

Voicy quelle étoit la disposition pour l'attaque du camp de Josseau.

«*Droite.*—M. de Gouy, colonel de Gatinois, partira du fort de Sestrières avec son régiment, celuy des Landes, 4 compagnies de grenadiers et 250 fusilliers de montagne, entre onze heures et minuit, montera le serre de Baile et celuy de la Mandette, descendra à Laval, où sa colonne investira le village et la garde qui y est, tandis que les 4 compagnies de grenadiers, et les fusilliers de montagne passeront le Cluson au-dessus du village et feront toute la diligence possible pour se rendre à la hauteur de Josseau y prendre poste et favoriser la colonne qui, au signal, attaquera le village de Josseau; l'attaque commencée, les grenadiers et mignons monteront vers le col du Pis pour le masquer en prenant poste à la droite du débouché et empêcher les ennemis de se retirer dans la vallée de Saint-Martin.

« *Gauche.* — M. de Torrés, colonel des fusilliers de montagne avec 50 hommes de son régiment et 5 piquets partira du fort de Sestrières en même temps que M. de Gouy à la droite, marchera à mi-côte par le village du Chazal, où il forcera et prendra la garde qui y est, s'avancera jusqu'à Lalavet pour couvrir la marche de M. le comte de Saint-André et du sieur Desbenes et prendra poste fixe au-dessus de Chazal pour observer les avenües des cols de Cote-plane et du Bourget.

« *Centre.* — Première colonne. M. de Sury, colonel suisse au service d'Espagne, avec 5 piquets et une compagnie de grenadiers, party des retranchements de Sestrières a 11 heures, marchera par le grand chemin au village de Sestrières, à celuy du Duc, enlevera, avec le moins de bruit qu'il sera possible, la garde qui est dans le batiment du four et passera le Cluson au gué au dessous et vis-à-vis le village des Traverses, et montera dans les le bois pour border le ravin qui y est et empêcher la retraite des ennemis par le cotteau qui est à même hauteur que leur camp.

M. le comte de Saint-André, maréchal de camp,

partira des retranchements de Sestrières après M. de Sury, suivra le grand chemin jusqu'au ruisseau qui est en avant du village des Traverses, où il se tiendra en bataille observant le chemin qui vient de Fenestrelles.

« M. Desbenes avec 5 piquets marchera par la même route que M. de Torrés jusqu'au Duc où il prendra la droite et se rendra entre les villages du Plan et de Patemouche, le plus près et le plus à couvert du camp ennemy qu'il sera possible; et, lorsqu'il entendra faire feu au-dessus du village de Josseau, le sien suivra pour attirer les Piémontais à la défense du camp, le plus près du Cluson, auquel il tachera de mettre le feu.

« M. Dazi, lieutenant-colonel de Gatinais, avec six piquets, suivra la colonne de M. de Gouy par les serre de Baille et de la Mandette, jusqu'au village de Laval; il marchera entre la colonne et le Cluson vers Josseau, et n'aprochera de ce village et des retranchements que lorsque la colonne de M. de Gouy aura gagné la hauteur; la première décharge luy servira de signal pour attaquer la gauche des retranchements.

« Le général avec le régiment de Burgos espagnol et environ 200 hommes du bataillon de Varax de Royal artillerie, se portera entre les villages du Duc et des Traverses, vis-à-vis le camp Piémontois, pour être à portée de se rendre ou le besoin l'exigeroit.

Cet arrangement bien concerté n'eut pas tout le succès qu'on en attendoit; le retard de la colonne commandée par M. de Gouy attira tout l'ennemy sur celle de M. de Sury qui n'étoit destinée qu'à empêcher une retraite, et qui devint la principale attaque; les onze cent Vaudois, une partie des troupes ennemies et du bagage se sauvèrent par le col du Pis, nos mignons et grenadiers n'ayant pas eu le temps d'y arriver pour l'occuper.

M. de Sury fit des actions dignes de louanges; il se battit en remontant la montagne avec un ordre admirable et gagna la hauteur en continuant son feu et tuant beaucoup de monde à l'ennemy; il reçut un coup de fusil qui luy fracassa la cuisse et il mourut à Cezanne deux jours après, fort regretté.

Le sieur Desbenes brula le camp ennemy, qui avoit été abandonné, leurs troupes étant en bataille au-dessus sur un ravin; le général ordonna au bataillon de Royal-artillerie de grimper la prairie et le bois pour aller au secours de la troupe de M. de Sury, et luy marcha droit au village de Josseau, avec le régiment de Burgos, par la gauche, dans le tems que M. de Gouy y arrivoit par la droite. Le commandeur de Rossi se trouvant enveloppé, se rendit prisonnier de guerre avec ce qui lui restoit de troupes, que la désertion ou la fuite par le col du Pis avoient beaucoup diminuées.

Nous ne perdimes à cette action, qui fut vive pendant près de trois heures, que 4 soldats tués, M. de Sury et 11 soldats blessés. L'ennemy eut 2 capitaines, 1 lieutenant, avec 59 soldats tués, 2 capitaines, 1 lieutenant et 47 soldats blessés; le commandeur de Rossi, général-major, le marquis de Garés, colonel du régiment de Nice, 1 lieutenant-colonel, 9 capitaines, 12 lieutenants et 320 soldats ou canonniers prisonniers. On prit trois drapeaux, une pièce de canon, leurs munitions de guerre et de bouche qu'ils avoient à Josseau, partie de leur hôpital; et, si M. de Gouy étoit arrivé à temps pour occuper le col du Pis, les Vaudois et tout le reste étoient pris.

Pendant l'action, je restoy au Duc avec l'hôpital ambulant, d'où je vis à plein ce qui se passa; l'armée s'en revint le même jour dans ces camps et le quartier-général à Cezanne.

Le 12 octobre, on envoya les prisonniers à Briançon et au mont Dauphin; je fis aux officiers toutes les politesses possibles, je leur pretay de l'argent et des chevaux jusqu'à Briançon.

M. de Lautrec dépecha un officier à la cour pour porter la nouvelle au Roy et les drapeaux pris aux ennemis, et deux autres à l'infant et au maréchal de Maillebois qui étaient en Italie, près d'Alexandrie; ces officiers françois, au lieu d'aller tous deux chez M. le maréchal, celuy de l'infant fut en droiture à ce prince; cela fâcha le maréchal qui ravala tant qu'il peut l'action de Josseau, et qui dès ce moment parut brouillé avec M. de Lautrec.

Comme la saison s'avançoit, qu'il faisoit froid et qu'il commençoit à néger, M. de Lautrec ne voulant pas que le Briançonnois fut foulé par le passage des troupes espagnolles, se détermina à les faire rentrer en Savoye par le col de la Roüe; et, pour empêcher les désordres qu'elles auroient pu faire en s'en allant, il les fit escorter jusqu'à Oulx et Bardonnèche par un détachement de troupes françoises, en apparence pour leur sureté, mais au fond pour les contenir et épargner le païs.

Le 17 octobre il gela fort et tomba encore de la neige. La petite armée repassa le Mont-Genèvre et vint cantonner aux environs de Briançon, jusqu'à la distribution des quartiers d'hyver. Ainsy se termina dans les Alpes la campagne de 1745.

VI. — CAMPAGNE DE 1746

Cette année a été fertile en événements singuliers que la postérité révoquera en doute ; pourra-t-on croire que les armées des trois couronnes et la république de Gênes réunies, occupant de bonnes places en Italie, comme Tortonne, Valence, Cazal, Parme et Plaisance, pourra-t-on croire, dis-je, qu'en une seule campagne, on perde non seulement toutes ces conquêtes, mais qu'on aye encore été obligé d'abandonner les Génois à leurs propres forces, quitté le comté de Nice, que nos armées ayent repassé le Var sans pouvoir le deffendre, que la Provence soit devenue la proye des Autrichiens, et qu'on se soit vu sur le point de deffendre les bords du Rhône ; tous ces faits sont du nombre de ceux qui paraissent incroyables, ils sont cependant très certains.

Le roy de Sardaigne étoit parvenu à jetter une espèce de deffiance entre les Espagnols et les François ; ceux-cy voyoient un accomodement prochain, et les autres qui le soupçonnoient s'étoient presque brouillés et occupoient Milan, Parme, Plaisance, et s'étant dispersés et étendus pour leurs quartiers d'hyver, ils sembloient être séparés de nous.

Cependant M. de Champeau passa, dès le mois de janvier, de Briançon à Turin, sous le nom de Krats, banquier hollandois; il y négocia en secret un traité d'armistice que la cour agréa; le roy nomma M. le comte de Maillebois, maréchal de camp, fils du général françois, pour l'aller conclure; il ne manqua pas d'en donner avis au maréchal son père qui, sçachant son fils en chemin pour se rendre auprès du roy de Sardaigne, resta dans une plus grande sécurité; les Piémontois se servirent adroitement du bruit qu'il y avait, entre les cours de Versailles et de Turin, un accommodement conclu à l'insu de celle de Madrid; les Espagnols, naturellement soupçonneux, le crurent, et le roi de Sardaigne sçût habilement mettre à profit et la jalousie qu'il avoit fait prendre à l'armée de l'infant, et les feintes qu'il avoit marquées sous le prétexte du prétendu traité d'armistice.

On n'ignoroit pas que la citadelle d'Alexandrie, bloquée depuis longtemps, étoit aux abois, que le roy de Sardaigne avoit fort à cœur de la ravitailler; c'étoit principalement pour y parvenir que les négociations avoient été entamées. M. le comte de Maillebois arriva à Briançon le 2 mars, il m'envoya un courrier du bourg d'Oisans et me chargea d'ouvrir ses paquets venant de Turin, d'y prendre les passeports de la cour de Turin, et de faire passer le Montgenèvre à son équipage le plus secrètement qu'il seroit possible.[1]

---

1. Cette lettre était accompagnée de la suivante adressée par Bourcet à Brunet et dont j'ai retrouvé l'original. — R.

A Grenoble ce 25 février 1746.

Je vous donne en cette occasion, mon très cher monsieur, une preuve de la confiance que j'ay en vous et qui rejaillit jusques à vous faire voir celle de M. le comte de Maillebois dans une affaire dont le secret est de la dernière importance.

Vous trouverés cy joint un mot de ce seigneur pour vous autoriser

M. de Gourzen, ministre du roi de Sardaigne, luy mandoit qu'il étoit charmé que S. M. T. C. l'eut choisy pour remplir la place de plénipotentiaire, qu'il en étoit ravi a son particulier, qu'il n'avait pu prendre les ordres du Roy par raport aux mesures qu'il y avait à prendre pour conférer avec M. Dechampeau, à cause des alliés ; il finissait en lui disant qu'il recevrait le lendemain de ses nouvelles.

Je fis partir l'équipage sous prétexte de l'envoyer à Embrun; et, à la porte de Pignerol, je luy fit prendre la route de la Vachette, avec des ordres au consul du Montgenèvre pour faire fournir des hommes et l'aider à descendre à Cezanne.

à demander à M. de Rivery les lettres qui seront à son adresse et j'ay ordre de vous dire de les ouvrir sans les lire, mais seulement pour pouvoir faire usage d'un des passeports qui y seront pour faire passer jusques à Turin les effets de M. le comte, en assignant aux muletiers et aux domestiques les lieux de leur couchée à peu près comme de Briançon à Salbertrouel ou Exilles, à Bussolen ou Veillane et le troisième jour à Turin.

Vous jugerés par là que ce seigneur y va passer, mais comme il est encore important qu'on l'ignore, il affiche sa marche de Briançon à Montdauphin et Embrun pour visiter les fortifications en qualité d'inspecteur d'icelles et vous ferés sagement de dire de même et de prendre quelques précautions pour que le passage de son équipage par le Mont Genève ne se sache pas, d'autant que les muletiers ne scavent pas encore où ils vont et qu'il sera bon que vous ne le leur disiés que le lendemain de leur arrivée lorsqu'ils seront prêts à partir, de vous à moy M. de Rivery ne serait pas bon pour cette confidence et il faut luy laisser ignorer que vous ayes ordre de décacheter les lettres qu'il vous remetra.

J'auray le plaisir de vous embrasser mardy 1ᵉʳ mars et de vous témoigner l'attachement inviolable avec lequel je suis pour la vie, mon cher monsieur, votre très humble et très obéissant serviteur.

BOURCET.

Il ne faut pas que les mulets séjournent, ils arriveront lundi, 28 février il faut les faire partir le lendemain à moins que les passeports ne soient point arrivés. Vous aurés la bonté de les faire loger à Briançon et s'ils ont besoin d'argent vous leur en donnerés.

Il arriva sur le tard un exprès de Turin que je fis passer au Monnetier où M. le comte de Maillebois avoit couché, qui pressoit sa marche; il m'écrivit qu'il n'entreroit pas dans Briançon, de l'aller trouver à la Grange-l'Enfer où il s'arrêta trois quarts d'heure et passa tout de suite pour aller à Oulx.

Le lendemain il arriva à Rivoles où il trouva M. de Gourzen qui luy dit : « Vous êtes arrivé trop tard, Montcalvo et Asti sont actuellement attaqués; l'intention du roy est que vous vous en retourniés; il seroit inutile de passer plus avant.» L'ambassadeur avec sa suite rétrograda à Briançon d'où il dépêcha un courrier au roy; il ne pouvoit pas cacher son inquiettude sur l'attaque d'Asti, dont l'événement ne justifia que trop ses craintes.

Il y avoit quelque temps que la cour de Turin avoit fait consigner beaucoup de vivres et des outres à porter de vin, qu'on avoit fait remplir dans les caves de la Brunette ; les troupes s'étoient portées aux environs des quartiers que couvroient Turin, on avoit pris des justes mesures pour mener en toute diligence de la grosse artillerie ; et, dans le tems qu'on s'attendoit à la signature d'un traité, on vit tout à coup fondre sur Asti une armée entière. M. de Montal, lieutenant général, qui étoit dans Asti avec neuf bataillons, l'élite de l'infanterie françoise, fut investi ; les Piémontois avoient fait une brèche au mur d'enceinte qui n'est pas bon, mais il y avoit le chateau qui pouvoit tenir; on prétend que M. de Montal avoit des lettres de M. le maréchal de Maillebois qui luy disoient qu'il n'avoit rien à craindre; ce qu'il y a de certain, c'est qu'il se rendit avec trop de précipitation dans les tems que le général étoit à portée de le secourir. Celui-ci, arrivé à la vüe d'Asti, fit tirer plusieurs coups de canon, mais la capitulation étoit signée et tout s'étoit rendu prisonnier de guerre. On conduisit ces neuf bataillons dans plusieurs villes du Piémont.

Tel fut l'événement qui a été le principe de nos malheurs et de notre sortie d'Italie; le roy de Sardaigne, qui n'avoit dessein que de masquer Asti, pour pouvoir jetter des troupes et des vivres dans la citadelle d'Alexandrie se trouva maître de la place et neuf bataillons sans perdre un homme. Il prit Valence, Cazal et la ville d'Alexandrie avec beaucoup de rapidité et réduisit le général françois à se retirer sous le canon de Tortonne et à conserver la communication avec Gênes.

L'origine de cet échec a plusieurs causes : 1° l'entêtement des Espagnols à vouloir occuper tout le Milanois et le Plaisantin pour leurs quartiers d'hyver et de s'être séparés des François; 2° du reffus que fit l'infant aux demandes réitérées que luy fit le maréchal de Maillebois de luy donner des troupes pour secourir Asti; 3° de la sécurité de ce général qui croyoit le traité d'armistice avec la cour de Turin sincère; et enfin de ce que M. de Montal ne fit pas la résistance qu'il auroit pu faire.

M. le maréchal sçavoit que la citadelle d'Alexandrie étoit aux abois et qu'elle n'avoit plus des vivres que pour cinq ou six jours. Il est à présumer qu'il étoit instruit par son fils de l'état ou étoit la négociation et de son départ pour Turin, il devait alors se porter en force sur le blocus de la citadelle et attendre de deux choses l'une, ou le traité signé ou la reddition de cette place, surtout sçachant les ruses dont se sont servis dans les autres guerres les princes de la maison de Savoye envers la France.

L'expédition d'Asti fut le prélude de ce qui ne pouvoit manquer d'arriver; les Autrichiens investirent Parme avec un corps de troupes. M. de Castellar, lieutenant général espagnol, y étoit avec 8,000 hommes; il chercha à se retirer par les montagnes à Plaisance où il arriva. L'infant et toute son armée était sous cette place, qu'on fortifia du mieux que l'on pût; les ennemis l'investirent, et pour s'en dégager, il fallut donner ordre au maréchal de marcher avec ce qu'il avoit de troupes de Tortonne à Plaisance. A peine y fut-il arrivé qu'on donna la bataille que nous perdimes avec beaucoup de monde. De sorte que l'armée Gallispagnolle se trouva très mal traitée et comme enfermée dans cette ville.

On avoit heureusement conservé les ponts sur le Pô pour communiquer dans le Lodesan et en tirer des subsistances, lorsque le roy de Sardaigne s'avança sur Pavie; sans quoy cette position annonçoit la nécessité de capituler avec l'ennemy pour se retirer.

Il y a eu plusieurs projets pour la retraite des armées: on proposa à la cour de la faire passer en force le Tezin, venir en Savoye par Yvrée, le val d'Aouste et le Petit-Saint-Bernard; le ministre envoya à M. d'Arnault un mémoire à ce sujet, avec un chiffre pour se se mettre en relation avec M. le maréchal de Maillebois; M. le comte de Marcieu, lieutenant général commandant et M. de Jomarron subdélégué général en Dauphiné avoient ordre de faire fabriquer des biscuits, et d'avoir des mulets prets pour aller au-devant de l'armée, et luy porter des munitions de guerre et de bouche sur la frontière et plus avant s'il étoit possible.

M. le comte de Marcieu écrivit à M. d'Arnault et à moy de nous rendre au bourg d'Oisans où il seroit avec M. de Jomarron. Nous y conférames la moitié de la nuit.

Le résultat fut que la retraitte de l'armée par Yvrée et le val d'Aouste étoit impossible; qu'elle auroit les ennemys aux trousses aux passages des rivières, le fort de Bard à l'entrée de la vallée, pleine de déffilés étroits et difficiles à passer et dans lesquels peu de troupes pouvoit facilement arrêter l'armée entière; qu'il falloit laisser toute l'artillerie, le bagage et les traîneurs; qu'à la moindre difficulté elle seroit jointe par l'ennemy et que tout seroit perdu. Je dressoy un mémoire contre cette retraite, qui fut envoyé à la cour.

Pendant qu'on se préparoit en secret pour avoir les moyens tous prets à recevoir l'armée si elle venoit par le Petit-Saint-Bernard, M. le maréchal de Maillebois, qui avoit connu qu'une pareille retraite étoit, sinon impossible, du moins très hazardeuse et difficile, prit des arrangements pour faire jetter des ponts sur le Po vis-à-vis.

L'armée, équipages et toute l'artillerie, passa avec une promptitude surprenante; on laissa quelques troupes et tous les blessés dans Plaisance, beaucoup d'artillerie et de munitions, et on passa le Tidon pour se retirer sous le canon de Tortonne.

Quelques précautions qu'on eût pris et quelques diligences que l'on fit, l'armée ennemye joignit, le

10 aoust, les Galispans[1] au passage du Tidon ; le combat fut rude et meurtrier ; l'ennemy, arrivé trop tard, ne put empêcher le passage de cette rivière, il n'osa pas suivre nos troupes qui formoient un camp sous Tortonne, et qui s'étendirent à Gavi, Novi et autres postes pour pouvoir communiquer avec Gènes. Le roy de Sardaigne fut spectateur de cette belle retraitte ; on a prétendu qu'il pouvoit l'empecher, cependant elle s'exécuta, et elle n'a pas fait moins d'honneur aux généraux que le gain d'une bataille, en dégageant deux armées enfermées et que les ennemys ne croyoient pas leur devoir échapper.

Le roy d'Espagne Philippe V, étant mort, cette Cour sembloit n'agir plus par le mouvement que luy donnoit la reyne ; elle fut éloignée du Conseil ; un mécontentement général de la nation contre elle et contre nous acheva de perdre nos affaires en Italie ; on accusoit les François d'en avoir occasionné les commencements en se laissant amuser par un traité, et n'ayant pas deffendu Asty. Le nouveau roy d'Espagne envoya M. de Lamina relever le comte de Gages ; le premier arriva avec des ordres de ramener les troupes en Espagne ; il quitta brusquement les environs de Tortonne et marcha à Gènes ; le maréchal de Maillebois, n'ayant que peu de troupes, fut obligé de le suivre ; le fameux passage de la Bochetta fut attaqué par les ennemys, nos troupes l'abbandonnèrent presque sans résistance, le roy de Sardaigne, qui marchoit sur Savonne par la vallée de Bormida, menaçoit de couper notre retraite, ce qui la fit précipiter. Les Génois ouvrirent leurs portes aux

---

1. C'est-à-dire les troupes alliées de France et d'Espagne. — R.

Autrichiens, payèrent des sommes immenses de contributions; on leur prit leur artillerie et on les réduisit au point qu'il ne restoit aucune trace de leur liberté qui avoit cédé à un dur, ruineux et insupportable esclavage.

Les François et Espagnols se retirèrent le long de la rivière de Gênes, toujours poursuivis de très près; ils arrivèrent enfin à la Turbie et Sospello; ces postes ne tenant pas mieux que la Bochetta, le roy de Sardaigne assiégea Savonne, et les Autrichiens, après avoir laissé un corps de troupes pour contenir les Génois, marchèrent en force pour se joindre aux Piémontois et reprendre le comté de Nice, ce qui s'exécuta en très peu de tems.

Le maréchal de Maillebois fit des dispositions pour deffendre le passage du Var; comme il visitoit les postes avec M. de Lamina, il luy dit: «je crois, monsieur, que nous pouvons tenir. — Oüi, répondit l'Espagnol, il ne manque de rien aux précautions que vous avés prises, mais j'ay ordre du roy, mon maître, de mener ses troupes en Languedoc; cependant, pour vous faire plaisir, je laisseray quelques bataillons à vos ordres.»

A cette époque, le maréchal de Maillebois sentit bien que si les ennemys tentoient le passage du Var il n'étoit pas en état de s'y oposer; l'armée autrichienne étoit nombreuse, le roy de Sardaigne devoit y joindre 12 bataillons comme auxilliaires. Les Anglais attaquèrent et prirent les isles de Sainte-Marguerite, et les ennemys, ayant passés le Var, inondèrent une partie de la Provence; on prit des précautions pour garantir Antibes, sauver Toulon et Marseille. La cour fit marcher 40 bataillons de Flandres, dont la plupart s'embarquèrent sur la Saonne et le Rhône pour faire plus de diligence; M. le maréchal de Belle-Isle vint prendre le commandement de l'armée, et M. de Maillebois se retira.

Le premier soin du nouveau général fut de conférer avec celuy d'Espagne et régler de concert leurs opérations ultérieures; on prit toutes les précautions possibles pour avoir des subsistances, les troupes devant s'avancer dans la haute Provence, païs stérile de sa nature, cy devant épuisé et entièrement dépourvü de tout par le séjour des Autrichiens; on leva à la hate une quantité de mulets dans les communautés de Dauphiné, et l'on fit porter aux soldats une botte de foin chacun; on s'avança, les ennemys reculèrent, et enfin ils repassèrent le Var sans attendre d'être attaqués; le défaut de subsistances et la désertion leur couta beaucoup de monde. Ils furent forcés à lever le blocus d'Antibes. Ils s'arrêtèrent dans le comté de Nice, gardant le Var de leur coté, et nous, du nôtre; on envoya une partie des troupes au quartier en attendant l'ouverture d'une nouvelle campagne qui devoit se commencer au retour de M. le maréchal de Belle-Isle, qui était allé à la cour.

Il n'y eut rien d'intéressant sur la frontière pendant 1746. Au mois de may. M. Darnault, maréchal de camp, y vint de Flandres pour commander, y visiter tous les cols et postes, fit construire la redoute de Buffère et celle de la Roche dans le vallon des Ayes. Il s'occupa à la formation des compagnies de milices bourgeoises dans le Briançonnois et haut Embrunois; ces milices furent composées de tous les hommes en état de porter les armes, commandées par des chefs auxquels il fit donner des commissions de capitaines et de lieutenants ; il y eut 40 compagnies dans le Briançonnois et 12 dans le haut Embrunois ; 12 des premières et 6 des secondes ont servy avec la solde aux garnisons de Briançon et du Montdauphin, et 6 du bas Embrunois à Embrun. On les faisoit relever tous les 15 jours ; les autres compagnies avoient ordre, en cas d'incursion, et lorsque le feu seroit mis à des signaux, de s'assembler pour se porter aux différents cols et passages savoir : la vallée du Monestier, à Buffère, Cristauvoul et Grenoüil; la vallée des Près et Névache aux mêmes endroits ; Vallouïse et Saint-Martin à Pont-Roux, pour y recevoir des ordres et marcher ou il seroit besoin; les deux Puy, Pont de Servières et le Villards à ce dernier lieu, pour monter au col des Ayes, ou exécuter les ordres qui leur seroient donnés.

Il arriva de Franche-Comté en Dauphiné, dans le commencement de juillet, 10 bataillons, pour faire une démonstration sur Exilles si les circonstances des affaires de Plaisance l'exigeoint, ou pour favoriser la retraite des armées en marchant à leur rencontre par le Petit-Saint-Bernard et ailleurs; mais le passage du Tidon du 10 août les fit demander dans la communication de Nice à Gènes, afin que les régiments qui y étoient avançassent par échellons pour renforcer M. le maréchal de Maillebois sous Tortonne, dans la croyance que les Espagnols tiendroient ferme à cette position, ou pour occuper différents postes le long de la cote de Gènes jusqu'à Nice ; ces bataillons servirent utilement pour ce dernier objet.

VII. — CAMPAGNE DE 1747

Cette campagne s'ouvrit vers la fin du mois de may, parceque la précédente avoit duré les mois de janvier, février et une partie de celuy du mois de mars, et qu'il falloit un peu de repos aux troupes; on donna les ordres pour faire assembler un corps de cavalerie à Valence. M. le maréchal de Belle-Isle y arriva le 11 may, séjourna le 12 et en partit le 13. M. de la Porte intendant de Dauphiné m'y ayant mené, je conféray une heure entière avec ce général sur les subsistances et les dispositions d'une armée dans les Alpes. Il y a apparence qu'il fut satisfait de mes réponses puisqu'il demanda au Roy un ordre pour que je fisse les fonctions de commissaire des guerres à son armée, la place de celles que j'avois depuis le mois de novembre précédent qui étoient restreintes aux revues des milices bourgeoises du haut Dauphiné.[1]

---

1. Brunet reçut à cette époque une lettre de Bourcet apostillée par le maréchal de Belle-Isle dont M. Albert m'a donné copie. —R.
A Grasse le 25 may 1747.
Il est question mon très cher monsieur d'employer touttes les ressources que vous avés dans la confiance de vos compatriotes et de faire usage de vos connaissances, pour approvisionner la vallée de Queiras sur le débouché du col de l'Agnel depuis Villevielle jusques et y compris Cotteroux pour le passage d'environ trente ou quarante

Tout étant prêt, et les arrengements pris à l'arrivée de M. le maréchal tant pour reprendre les isles de Sainte-Marguerite que pour passer le Var, chasser les ennemis du comté de Nice, et reprendre Villefranche et Montalban, ces opérations se firent pendant le mois de juin; on ne jugea pas à propos de pousser plus avant les conquettes de ce coté-là; il y auroit même eû des grandes difficultés à pouvoir se rendre maîtres de ces places, si les Piémontais et Autrichiens n'avoient pas été obligés de rétrograder vers Gènes, à cause de la révolution qui y arriva et qu'il faut raporter en peu de mots parcequ'elle est l'unique cause du peu de succez des ennemis en Provence et de ce qu'ils n'ont pû déffendre le comté de Nice.

Le général Brown, qui commandoit 9 bataillons

bataillons et cent escadrons, mais il faut que cela se dispose et s'arrange dans le plus grand secret et que vous prenies tous les prétectes que vous pouvés imaginer pour oter tout soupçon du projet qu'on a de faire une diversion par ce débouché.

Je vous préviens qu'il n'y a que M. le Màal, M. d'Arnault vous et moi qui soyons dans la confidence et qu'on n'en avertira M. de Sevillx que quelques jours avant la marche des troupes. M. l'intendant vous écrira pour les emplacements de Briançon, Guillestre, Embrun, etc. Je présume que la cavalerie pourra porter du fourage pour deux ou pour quatre jours en partant de Guillestre, mais il faudrait que par vos arrangements elle pût arriver à la Chenal avec cette avance et qu'au moyen des mulets ou des paysans on pût en faire avancer encore jusques la Chenal environ quatre ou six mille quintaux pendant les cinq ou six jours d'intervalle qu'il y aura entre le débouché de l'infanterie et celuy de la cavalerie, voilà l'objet retournes vous de votre mieux pour soutenir la bonne opinion que j'ay donné de vous à notre général et qu'on doit à votre zèle et à vos ressources. Vous connaissés les sentiments avec lesquels je vous suis inviolablement attaché.

BOURCET.

Il faut que... vous gardiés un secret absolu sur cette commission et que vous n'en faisiés part à qui que ce soit sans exception.

Le maréchal duc de Belleisle.

autrichiens qui étoient restés à Gênes pour contenir cette nation opprimée à laquelle on demandoit tous les jours de nouvelles contributions, s'avisa de vouloir prendre l'artillerie de la république pour l'embarquer, l'envoyer par mer au siège d'Antibes et de faire faire cette manœuvre par les artisans et autres sujets de Gênes, en les menant à l'allemande, le bâton levé.

Ces républicains, peu accoutumés à être traités de la sorte et fachés de voir prendre impunément leur artillerie, ne travailloient qu'à contre-cœur; un mortier qui versa dans un égout et qu'un officier autrichien voulût faire retirer en frappant un Genois, fut le commencement de cette salutaire révolution.

Le Gênois batonné se vengea sur l'officier; on cria liberté; il s'attroupa du monde; on courût aux armes; les plus déterminés forcèrent les magistrats de livrer les chefs et de faire ouvrir les arsenaux; le peuple prit les armes et on chassa de Gênes et du fauxbourg de Saint-Pierre-Darenna les Autrichiens; on leur enleva tous leurs magazins, leurs équipages, la caisse militaire; on fit plus de 3,000 prisonniers et le général eut de la peine à se sauver avec le reste de ces troupes.

Pendant que cette expédition se faisoit à Gênes, M. de Belle-Isle s'avançoit pour forcer les ennemys à quitter la Provence; à peine surent-ils cette nouvelle, qu'ils songèrent à se retirer, tant parcequ'ils manquoient de tout que pour aller réduire de nouveau cette république dont la perte totale fut résolue.

Le roy donna ordre d'y envoyer des troupes par mer; on embarqua plusieurs bataillons français et espagnols et beaucoup de piquets, des ingénieurs et officiers d'artillerie ; quelques barques furent prises par les Anglois, mais le plus gros arriva à tems à Gènes. M. le duc de Boufflers y fut envoyé pour commander; les Genois s'armèrent tous, jusqu'aux moines; les Autrichiens, avec des travaux extraordinaires, voulurent assiéger cette ville; ils se rendirent maîtres de plusieurs postes aux environs, mais ils furent obligés de lever ce siège le 19 juin. Soit que le plan des opérations de la campagne fut arrêté à Paris, pour agir du coté des Alpes si les ennemys levaient le siège de Gènes, soit qu'il l'aye été le 16 et 17 may que M. de Belle-Isle resta en conférence avec M. de Lamina général espagnol, on forma des magasins dans le haut Dauphiné et vallée de Barcellonnette, on fit avancer 10 bataillons au camp de Tournoux, 6 à Guillestre et 6 à Briançon, pour donner de l'inquiétude au roy de Sardaigne et luy laisser à deviner si on opéreroit par le col de l'Argentière, par celuy de l'Agnel ou par le Montgenèvre et luy faire diviser ses forces. Le roi forma un camp prez de Saluces, à portée de tous ces débouchés, et fit retrancher en diligence le plan de l'Assiette et les hauteurs de Fatières qui dominent et couvrent également Exilles et Fénestrelles, parcequ'étant maîtres de Savonne, il ne craignoit pas par la rivière de Gènes.

Les dispositions que fit M. le maréchal de Belle-Isle contribuèrent à la levée du siège de Gènes, où nous n'avions pas assés de troupes pour opérer une diversion utile à l'armée qui se préparoit d'agir par les Alpes; on fit avancer un corps de cavalerie à Gap; tout étoit disposé à entrer en Piémont par Chateau-

Dauphin. M. le maréchal m'écrivit de prendre des arrengements secrets pour avoir dans la vallée de Queyras, et à portée de la Chanal, des subsistances pour quelques jours à un corps de cavalerie, mais qu'il falloit que personne ne s'en aperçût.

Je fis réponse à ce général qu'il étoit impossible de faire la moindre disposition, dans la vallée de Queyras, en secret, que si son véritable objet étoit d'entrer par le col de Lagnel, loin de faire aucuns magasins à Queyras, il falloit au contraire faire venir les foins de cette vallée au Montdauphin, et tout préparer à Guillestre, Barcellonnette et Briançon, que les troupes prêtes à marcher, toutes les voitures de ce païs chargeroient des foins et autres subsistances, pour se rendre au col de Lagnel et à la Chanal; et, en même tems, Barcellonnette par Maurin et col Longet; l'Embrunois, par la Combe de Queyras, Seillac et le col du Fromage, et le Briançonnois par ceux d'Izoard et des Ayes.

M. le maréchal me répondit que mes reflexions étoient justes; il donna en conséquence des ordres pour faire ficeler des foins à Gleysole et pour fabriquer du pain biscuité à différents endroits, tout resta dans un grand secret sur le party à prendre; il avança des troupes à Barcellonnette; il en partit du comté de Nice qui marchèrent par les cols d'Allots à Tournoux, d'autres qui se rendirent de l'Antosca, à Baguy-de-Vinay, vallée d'Asture, pendant que la cavalerie arrivait à Gap.

L'arrivée de M. le chevalier de Belle-Isle à Barcellonnette, le 12 juillet, developpa le projet; les ordres qui furent donnés aux troupes prouvèrent qu'il n'étoit plus question d'entrer en Piémont par la vallée d'Asture; l'arrangement pris pour la marche de celles qui eurent ordres de passer par Queyras fit clairement voir qu'elles n'alloient point au col de Lagnel, que l'objet étoit Exilles et Fenestrellles et la lenteur des marches en général fut la source de notre aventure du col de l'Assiette.

L'armée se mit en mouvement; il passa de Guillestre par la vallée de Queyras 14 bataillons qui eurent ordre de venir camper à Arvieu le lendemain avec séjour à Servières pour, de là (par le Bourget et le col de Bousson), se porter à Servières et avancer jusqu'au village du Duc; ce corps de troupes, qui fut suivy de près par la brigade de Poitou, deux bataillons espagnols et les volontaires de Gantés, formèrent la droite de l'armée aux ordres de M. de Villemur lieutenant général.

Le 14 du même mois, M. le chevalier de Belle-Isle étant arrivé à Briançon, il fut tenû une assemblée chez luy; on détacha 6 compagnies de grenadiers et 6 piquets aux ordres de M. d'Ecarts brigadier colonel de Santerre qui passèrent par Plampinet et le col de l'Echelle à Bardonnèche, où il arriva en même temps de Savoye par le col de la Roüe deux bataillons suisses au service d'Espagne; cette colonne qui étoit la gauche devoit se porter par Rochemolles et les Ambins ou le col de Seguret au-dessus du vallon de Saint-Colomban, chasser quelques troupes ennemies qui y étoient et s'avancer aux Quatre dents le col de Tongle et Chapelle-Blanche, ayant à Bramant sur leur flanc gauche deux bataillons espagnols qui observoient le Grand et le Petit-Mont-Cenis; mais les neiges vieilles et nouvelles empêchèrent cette troupe de passer les montagnes;

elle campa à Valfreyde et fut obligée de venir passer à Oulx, ce qui rendit cette marche infructueuse.

Le centre de l'armée partit de Guillestre le 14 et ne vint camper qu'à la Bessée, à l'exeption du régiment du Roy-dragons qui vint à la porte de Pignerol[1]; le 15 au matin, M. d'Arnault maréchal de camp partit de grand matin de Briançon à la tête de 10 compagnies de grenadiers, d'une brigade d'infanterie, et du régiment de dragons et fut camper à Cezanne; environ 200 Vaudois qui étoient à Saint-Sicaire firent feu et se sauvèrent; le 16, ce corps s'avança; l'infanterie campa au Sauze et les dragons entre le pont de l'Ange-Gardien et la Prévoté.

Je joignis, le 15 au soir, M. d'Arnault à Cezanne en qualité de commissaire des guerres et l'avant-garde le lendemain; après avoir couché à Oulx cet officier monta à Cote-Plane, M. le chevalier de Belle-Isle arriva le 17 à Oulx avec le reste de l'infanterie, 4 pièces de canon de 4; je fus chargé avec un officier de mineurs de faire rétablir le pont Ventoux, et occupé à faire des ordres pour commander des pionniers, pour mener les 4 pièces de canon à Cote-Plane par Saint-Marc, les Jouvenceaux et le Sauze, et à faire construire des fours, parceque le pain ne pouvoit pas longtemps être voituré des travaux de Briançon sans ruiner les mulets des vivres.

Le 18 au matin, M. de Belle-Isle fut joindre M. d'Arnault sur les hauteurs de Cote-Plane avec toute l'infanterie; on travailla aux chemins pour mener le canon; il n'y avoit pas assés de pionniers et l'on auroit pû commander des travailleurs dans les troupes pour

---

1. C'est-à-dire à la porte de Briançon que porte ce nom. — R.

y suppléer; l'armée s'approcha de la hauteur de l'Assiette et coucha au bivac, par un froid des plus vifs dans cette saison.

Le 19, on fit les dispositions pour l'attaque, il n'y avoit, le 17 au matin, que 6 bataillons des ennemis dans les retranchements qui n'étoient pas perfectionnés; il en arriva 11 autres le même jour, et 17 qui s'avançoient à tire d'aile sur Fenestrelles; ce qui détermina sans doute le général à faire attaquer le 19 après-midi, sans avoir son artillerie et sans toutes les précausions qu'auroit demandées une affaire de cette importance. M. d'Arnault à la tête des grenadiers commença par une redoute avancée d'où il chassa les ennemis; la colonne de la droite commandée par M. de Villemur arriva trop tard à l'endroit de l'attaque; on n'avoit pas bien reconnu terrain et les retranchements; il falloit les tourner et ne pas marcher à découvert à l'ennemy par une montée rapide qui est presque escarpée; les Piémontais par un feu vif et croisé ne tiroient pas un coup qui ne portât; les blessés et morts rouloient en bas de la montagne et entrainoient ceux qui montoient et détachoient par leurs mouvements des pierres qui en blessèrent plusieurs; enfin, malgré des efforts redoublés et des prodiges de valeur, MM. de Belle-Isle et d'Arnault étant tués, on se retira après avoir laissé plus de mille morts sous les retranchements attaqués, 400 officiers et 2,500 soldats blessés quoy que les ennemis qui manquoient de munitions fussent sur le point d'abbandonner la hauteur. Ils ne sortirent pas des retranchements pour suivre nos troupes et n'osèrent dépoüiller les morts qu'après qu'ils furent assurés de notre retraitte; le lendemain il y eut beaucoup d'officiers de distinction de tués ou blessés, entr'autres 13 colonels blessés, la plus part morts depuis de leurs blessures; le chevalier de Grille, major général, resta à l'attaque; les brigades de Condé et de Bourbonnois perdirent beaucoup.

L'hopital ambulant qui était au village Dessus-Granges de Sallebertrand se trouva à découvert par la retraitte de nos troupes au Sauze d'Oulx; il fut transporté à Fenestrelles, au Lau, et autres villages avec 412 hommes des plus blessés qu'il y avoit.

Le 19 au matin, j'avois envoyé un domestique à cheval porter des cantines et quelques provisions à M. d'Arnault dans le crainte qu'il ne manquât de tout; il ordonna à ce domestique d'attendre jusqu'après l'attaque afin de m'en donner des nouvelles. Ce témoin de l'action fut le premier qui arriva à Oulx, à huit heures du soir, et qui m'apprit la funeste mort des deux généraux et la triste scituation de notre armée repoussée avec une perte considérable.

Ayant fait part de cette nouvelle à M. Dulaurent, commissaire faisant les fonctions d'ordonnateur de l'armée, nous fûmes ensemble chés M. Dormessant, brigadier colonel du régiment du Roy-dragons qui commandoit à Oulx; après une heure de conférence, il arriva plusieurs autres personnes du camp qui, non seulement confirmèrent notre perte, mais l'exagérèrent beaucoup.

A minuit, il commença d'arriver des officiers blessés sur des brancards et, une heure après, un ordre de M. de Villemur, qui avoit pris le commandement de l'armée, au colonel des dragons de faire partir son régiment d'Oulx pour aller au Montgenèvre avec tout les équipages du quartier-général ; je fis avertir tout le monde ; l'on chargea si promptement qu'à six heures du matin je me trouvay seul à Oulx ; l'on m'avoit chargé, avant d'en partir, de vérifier les effets des vivres qui restoient dans l'église qui servoit de magazin et d'en prendre une note; mais, comme je connaissois le païs et qu'il n'y avoit rien à craindre par la position de nos troupes, je pris des arrangements pour faire évacuer tous les effets, et pour recevoir et donner du secours aux officiers et soldats blessés qui commençoient d'arriver en foule le 20 au matin.

Comme j'étois connû des principaux habitans d'Oulx, je trouvay abondamment du vin, eau-de-vie, linge et de la viande pour faire faire du boüillon; je fis mettre les soldats dans l'église et dans plusieurs granges et loger les officiers qui avoient besoin de repos chés les habitans ; les autres se rafraîchissoient en passant avec un bouillon eu du vin, et je donnois de l'argent à ceux qui en manquoient pour payer leurs porteurs.

J'exhortois souvent les soldats de tâcher de se rendre à Cézanne à pied, en leur disant que nous risquions d'être pris prisonniers ; mes harangues réussirent ; il y en eut beaucoup qui se traînèrent; j'en fis charger un grand nombre par les mulets des vivres et ceux de l'hôpital ambulant ou sur quelques voitures du païs, de sorte qu'il ne m'en resta, le 22 au matin, qu'environ 130 qui ne pouvoient être transportés qu'avec des brancards. Je me servis d'un expédient pour en faire faire promptement qui réussit; je fis couper et assembler deux perches avec deux travers, et clouer dessus des doubles sacs des vivres; par ce moyen un brancard léger et commode étoit fait en un instant.

Le 20 au matin, M. de Villemur étant arrivé avec l'armée au Sauze d'Oulx, se fâcha beaucoup et même écrivit que tous les commissionnaires des guerres avoient quitté Oulx sans ses ordres; on luy dit que j'y étoit resté seul et que je me donnois tous les soins possibles pour les blessés et pour l'évacuation des magazins; il descendit seul s'en assurer; nous eûmes demye heure de conférence; je luy fis part de mes dispositions pour faire tout évacuer promptement. Il les aprouva et je l'assuray que, le 22 à 7 heures du matin, il ne resteroit pas un blessé ni un sac vuide à Oulx, ce qui fut exécuté n'étant party qu'après le dernier brancard, entre la colonne de l'armée et l'arrière-garde commandée par le marquis d'Ecarts.

Ce fut dans cette conversation que je représentay à M. de Villemur qu'il seroit plus avantageux de rester où l'armée étoit, que la position étoit bonne en occupant le Duc, le camp du Sauze d'Oulx et en se tenant à cheval sur Cote-Plane; que M. le maréchal de Bervik, avec moins de troupes, avoit occupé ces camps, plusieurs campagnes avant la paix de 1713; que nous vivrions aux dépends des ennemys du moins jusqu'à ce qu'on eut reçu les ordres de M. le maréchal de Belle-Isle; que la retraitte sur notre frontière alloit être honteuse, abimeroit le Briançonnois, consommeroit des fourrages précieux et fairoit penser à l'ennemy quelle étoit la suite d'une perte plus considérable à l'affaire de l'Assiette; mais la résolution étoit prise. Le corps de troupes qui étoit dans la vallée de Prajelas au nombre de 27 bataillons vint camper, le 22 juillet, au Bourget de Servières et le reste de l'armée, les dragons et le quartier-général, au Montgenèvre. Ces deux communautés furent entièrement fourragées pendant huit jours que l'armée resta dans cette position; les magazins considérables de foin qui étoient à Sainte-Catherine furent bientôt consommés par un régiment de dragons, les mulets des vivres et les équipages des officiers blessés dont la ville et les villages voisins étoient remplis.

Le 22, je me rendis d'Oulx à Briançon passant par la Coche; j'avois besoin d'un peu de repos ayant resté plus de trois fois vingt-quatre heures sans dormir et dans un mouvement continuel.

M. Dargouges, lieutenant général, vint d'Embrun au Montgenèvre prendre le commandement de l'armée; les soldats blessés étoient arrivés, les 20, 21 et 22, en si grande quantité à Briançon où il n'y avoit que les emplacements ordinaires de la garnison qu'il y eut beaucoup à faire pour former des hôpitaux aux Jacobins, aux Granges de Sainte-Catherine et au Martinet; on menaçoit même de prendre l'église paroissiale pour cela, malgré les représentations que sa fraîcheur seroit nuisible aux blessés, qu'on manquoit d'eau, de latrines et de cuisines, et que cela procureroit une infection dans une petite ville déjà pleine d'officiers blessés ; enfin, cet arrangement quoyque commencé n'eut pas lieu.

Il est important d'observer icy les fautes qu'on a remarquées dans l'exécution du projet de l'attaque de retranchements de l'Assiette : 1° la lenteur de la marche qui devoit être à tire d'aile, du moment que les troupes étoient parties de Barcellonnette et que le mouvement avoit découvert le dessein ; car si, comme en 1745, de Guillestre on s'étoit rendu en trois jours sur les lieux et les troupes qui étoient à Briançon en deux, on auroit gagné une marche sur les 11 bataillons ennemis qui arrivèrent dans les retranchements le 17 juillet, et les 6 qui y étoient les auroient abandonnés à notre approche; la colonne qui passa par Queyras, au lieu de camper à Arvieu et passer le col d'Izoard, devoit s'avancer à Villevieille et faire semblant d'entrer par Molines et le col de Lagnel à la Chenal ; ce mouvement auroit empêché le roy de Sardaigne de dégarnir son camp de Saluces et, en revirant de bord par le col de Péa, nos troupes auroient eu deux marches sur les ennemis pour se rendre à portée de l'Assiette ; 3° il y avoit trois partis à prendre pour l'attaque, deux bons et un mauvais ; on prit le dernier, au lieu de tourner la hauteur de l'Assiette hors de de la portée du fusil et avancer par les endroits non retranchés, mouvement qui seul auroit fait abbandonner l'ennemy, ou se porter des deux cottés entre l'Assiette et Fenestrelles, et entre ces retranchements et Suze, pour empêcher qu'on ne portât des vivres aux ennemis, ce qui les auroit fait décamper bien vite d'un désert où tout manquoit ; 4° si l'on vouloit attaquer comme on a fait, il falloit attendre l'artillerie, avoir des grenadiers et n'opérer pas de plein jour, faire faire des fascines et ordonner une attaque générale une heure avant le jour, et pour avoir plutôt l'artillerie commander des travailleurs dans les troupes. Enfin la plus grande partie après l'action fut de quitter les positions du Duc et de Jouvenceaux, pour venir se retrancher honteusement et dévaster notre frontière ; les généraux ne connoissent pas souvent assés le local, et leur vanité souffre de s'éclaircir par des personnes qui pourroient leur faire faire de bonnes réflexions ; les jeunes officiers de l'état-major, dans une course faite à la hâte, croyent en plus sçavoir que ceux qui sçavent la guerre dans les montagnes par expérience, c'est le deffaut de la nation qui, joint à un énervement de discipline militaire et de subordination, balance beaucoup la bravoure qui luy est naturelle.

Le 31 juillet, il arriva un ordre de faire retrancher en diligence la hauteur de l'Infernet et tous les cols et passages qui séparent les vallées des Prez et de Nevache, du Monétier; on commença par demander trois mil païsans pour y travailler. M. Mailly d'Hancourt Maréchal de camp, fut chargé, à cet effet, de l'exécution des ordres de M. le maréchal de Belle-Isle. Le Briançonnois avoit alors 600 hommes armés, il en restoit très peu dans les communautés; c'étoit le tems le plus précieux pour la récolte; les habitans étoient harcellés pour fournir du foin et du bois aux magazins; ils n'avoient pas le tems de faucher, et les troupes paturoient les prés, les avoines et autres récoltes, sans que les plaintes fussent écoutées. Les communautés de Servières, Nevache et Montgenèvre avoient des troupes légères, comme chasseurs des Cevennes, Lancize, etc., qui pilloient et maltraittoient impunément les peuples et qui les faisoient travailler à des retranchements et redoutes assez inutiles, parceque ces postes ne pouvoient pas tenir en cas d'attaque.

Je fus chargé du détail de ces 3,000 pionniers, qu'il fallut tirer, 800 du Briançonnois et vallée de Queyras,

800 de l'Embrunois, 700 du Gapençois, et 700 de l'Oysans et subdélégation de Vizille, et de leur faire délivrer pour tout payement deux rations de pain par jour. Ces misérables couchoient sur les montagnes, le plus souvent à l'air. Leur pain, avec l'eau de neige, les faisoit tomber malades; ce mal-être, joint à leurs mauvais traitements que les sergents et soldats qui les dirigeoient étoient obligés de faire à ceux qui fuyoient le travail, faisoient de cette partie la plus cruelle besogne qu'on puisse jamais faire.

De tous les travaux qu'on projetta, il n'y avoit que celuy de l'Infernet, col de Buffère et de Grenoüil d'utiles. Le premier est une hauteur qui domine tous les forts; on y peut aisément venir du Montgenèvre par le col de Gondran aevc de l'artillerie, et la placer dans le penchant de la montagne en plusieurs endroits d'où les ouvrages des fortifications sont plongés, enfilés, veus de revers à vüe d'Oyseau; si l'on faisoit de l'Infernet un camp retranché en maçonnerie, avec des escarpements de droite et de gauche du coté du Vallon et du Poët, une bonne citerne et des petites redoutes pour communiquer de ce camp au fort d'Anjou, le siège de Briançon seroit démontré impossible; l'artillerie ne pouvant venir de Piémont par une autre route que celle du Montgenèvre, elle ne pourroit que descendre à la Vachette, à cause de l'Infernet; tout le feu des forts qui est dirigé sur cette gorge rendroit les approches des forts très difficiles, pour ne pas dire impossibles.[1]

Le col de Buffère étoit aussy très essentiel à retran-

---

[1]. Ce fort a été construit depuis 1870. — R.

cher parce que si l'ennemy débouche en force par les cols de l'Echelle, de Turas et du Vallon, dans la vallée de Nevache, il n'est pas praticable de garder la Clarée; il faut alors, pour couvrir la vallée du Monestier et conserver les communications avec Grenoble par le col de Lautaret et avec la Savoye par celui du Galibier, garder toute la hauteur depuis le col de Grenoüil jusqu'à Buffère et surtout ce dernier, ainsy que l'expérience l'a prouvé dans la campagne 1708.

Les ingénieurs n'ont cherché qu'à multiplier les ouvrages en les poussant jusqu'à Saumelonge, pour couvrir le passage du col de Chardonnet à la Ponsonnière, en faisant faire un chemin de communication de ces ouvrages à Buffère, par le col du Raisin. Si M. le maréchal de Bervick vivoit, il observeroit qu'il a fait cinq ans la guerre en deffensive sur cette frontière depuis 1709 jusqu'en 1713, que son objet pour ses communications étoit le col de Buffère, que pour cela son quartier-général étoit souvent au Bèz-de-la-Salle et que tout ce qui a été fait en avant est plutôt favorable à l'ennemy que contre luy.

On travailla à tous ces différents ouvrages, qui ne sont pas encore finis jusqu'à la fin de septembre. Souvent il manquoit des maçons pour l'Infernet malgré les contraintes; les charpentiers y ont construit une barraque de 42 toises de long et 3 de large, qui peut contenir 500 hommes. Ce sont les communautés qui ont fourni les planches pour la clore, et la paille, perches et arcs pour la couvrir. Je rendis compte au ministre de la consommation du pain faite pendant deux mois par les ouvriers et pionniers, et des revues exactes que j'en avoit faite ou fait faire, et il m'en marqua sa satisfaction. Il en a couté au roy 146 mille rations de pain, environ 600 livres pour les journées des maçons, charpentiers, scieurs de long et couvreurs, qu'on a payé à 10 livres l'une, outre le pain.

Le 30 juillet, les ordres de M. le maréchal étant arrivés, on fit partir 18 bataillons pour se rendre à Castellane et 12 dans la vallée de Barcellonette, et la moitié du régiment de dragons à Guillestre. Les brigades de Poitou, de Mailly, et les régiments de la Rochaymond et de la Tour d'Auvergne restèrent campés à la Salle-Saint-Chaffrey et à la Vachette; les deux escadrons de dragons; le régiment de l'Isle de France prez de la ville; les compagnies de Beringhier, chasseurs des Cevennes, et celles des volontaires de l'Ancize, et d'arquebuziers d'Agoin, à Servières, Plampinet et au Montgenèvre.

Le roy de Sardaigne ne tarda pas à profiter de la faute qu'on avait faite en nous retirant des vallées cédées, après l'affaire du 19 juillet, et en marquant notre crainte par retranchements; il avoit en vüe de faire abbandonner le comté de Nice, en faisant courir d'un coté le bruit qu'il entreroit en Savoye, et, de l'autre, il se présentoit tout à la fois à plusieurs postes de la frontière; mais on ne prit pas le change sur le principal objet : on laissa le comté de Nice gardé; on mit un corps de troupes à Castellanne, également à portée du Var et de la haute Provence.

Les Autrichiens et Piémontais s'assemblèrent entre Vinay et Cony; ils firent des dispositions pour venir en force, par le col de Largentière, attaquer le camp de Tournoux, tandis qu'un corps de Vaudois et de Varádins d'environ 800 hommes aux ordres du sieur Du Rozier vint de la vallée de Saint-Martin dans celle de Queyras camper au Roux au-dessus d'Abriez. Ce commandant envoya des ordres pour payer la contribution, sur le pied de 1744. Nous avions fait approvisionner le château Queyras dont on craignoit le siège. je ne sçay sur quel fondement l'ennemy, qui avait sept bataillons campés entre Saint-Sicaire et Chanlas et deux bataillons à Millaure, fit en même tems attaquer le col de l'Echelle, le Montgenèvre et Servières; ces postes étoient gardés par les troupes légères et par celles des milices du païs qu'on exposoit toujours en avant, quoyquelles n'eussent été levées que pour garder la ville.

L'ennemy fut repoussé avec perte de l'Arche et de Maison-mèanne; on luy fit 200 prisonniers. Les attaques du col de l'Echelle et du Montgenèvre, n'étant que feintes, n'eurent autre effet que de faire prouver la conduite des officiers qui y commandoient et qui avoient beau jeu parceque, s'il y avoit quelque chose d'irrégulier, ils le mettoient sur le compte des milices bourgeoises.

La compagnie de l'Ancize, ayant laissé des milices bourgeoises dans l'église de Saint-Michel de Servières qui étoit retranchée, se recula jusqu'au serre des Châteaux; l'ennemy voyant cette manoeuvre, et le village étant hors de la portée du fusil de l'église, descendit, entra dans les maisons, pilla quelques effets et se retira; il n'y eut personne de tué ni de blessé de part n'y d'autre; quelques jours après un détachement des ennemys conduit par un déserteur de l'Ancize vint pour enlever la garde du serre de l'Egalan, qui fut envelopée; on prit deux païsans; il y en eut un du Puy-Saint-André de tué, et le reste se sauva.

Le mouvement des ennemis qui se tenoient en force dans la vallée Dastures, et sur les hauteurs qui débouchoient à Serennes, Maurin et Gleysoles fut cause qu'on donna des ordres à M. de Mailly, maréchal de camp de se rendre avec les brigades du Poitou et de la Rochaymond à Vars, où il campa, laissant le commandement du Briançonnois à M. de Crussol brigadier colonel du régiment de l'Isle de France, qui avoit à ses ordres son régiment, les trois bataillons de Mailly, deux escadrons de dragons, trois compagnies de chasseurs ou volontaires, les douze compagnies bourgeoises du pays, et deux bataillons suisses au service d'Espagne qui vinrent de Savoye camper à Chante-Merle.

M. de Crussol avec ses troupes mit à couvert les postes de la frontière où l'ennemy n'avoit pas dessein de rien entreprendre, il fit un détachement qui alla jusqu'à Bardonnêche; il écrivit au commandant de Fenestrelles que si les troupes qui étoient à Queyras exigoient des contributions il useroit de représailles dans les vallées cédées et qu'une pareille guerre n'opéreroit d'autre effet que la ruine respective des habitants; enfin, soit que ces contributions eussent été demandées sans ordre de la cour de Turin ou que celle-ci ait fait réflexion sur les suites, elle ordonna que l'argent seroit rendû aux communautés qui avoient déjà payées et que les autres ne payeroient pas, ce qui fut exécuté; les députés de la vallée de Queyras munis de passeports furent à Fenestrelles et on les remboursa.

J'ay observé que le véritable dessein du roy de Sardaigne n'étoit pas de pénétrer en Dauphiné par le Briançonnois et le Queyras, ni en Provence par Barcellonnette, quand même nous n'aurions pas eu des forces suffisantes pour l'en empêcher, parceque une pareille expédition ne l'auroit conduit à rien d'utile; il étoit trop tard pour prendre des places et avoir un point fixe, et à la veille des neiges, il auroit été obligé de se retirer après avoir beaucoup dépensé, et perdu du monde; l'expédition sur la Savoye, ne pouvoit avoir lieu par les mêmes raisons.

L'événement justifia que l'ennemy ne cherchoit par les différents mouvements qu'à faire dégarnir de troupes le comté de Nice pour y marcher en force par le col de Tende et nous obliger de repasser le Var pour reprendre Vintimille et Ville-Franche, il en connaissoit toute l'importance pour les opérations ultérieures. S'il avoit été maître de ce port, la flotte anglaise auroit empêché les convoys de troupes et de vivres d'aller à Gênes avec la même facilité; il éloignoit les vües que les cours de France et d'Espagne pouvoient avoir sur Savonne; il facilitoit les Autrichiens à tenter une seconde fois le siège de Gênes, et en se fortifiant sur le Vars, il auroit retardé les opérations de la campagne suivante.

Le maréchal de Belle-Isle, qui connut toute l'importance de la conservation du comté de Nice et qui n'ignoroit pas le dessein du roy de Sardaigne, fit retrancher avec précaution les hauteurs qui pouvoient luy en faciliter la défense. L'ennemy ne tarda pas de se porter en force à Sospello, mais il n'osa attaquer le général françois, il se contenta de se retrancher de son coté ce qui n'empécha qu'il fut repoussé avec perte de 600 hommes jusqu'au dela de la Roya et qu'on ne jetât du secours et des vivres dans Vintimille.

Comme l'hyver approchoit, on songea respectivement à prendre des quartiers d'hyver. M. le maréchal de Belle-Isle partit pour la cour; son armée qui est dispersée dans la Provence et le Dauphiné peut aisément et en très peu de tems être assemblée pour commencer la campagne 1748, si Dieu ne nous donne pas la paix tant désirée.

TABLE DES MATIÈRES

Préface.. 1
Chapitre Iᵉʳ. — Causes de la Guerre........................... 3
— II. — Campagne de 1742............................ 5
— III. — Campagne de 1743........................... 11
— IV. — Campagne de 1744........................... 17
— V. — Campagne de 1745............................ 35
— VI. — Campagne de 1746........................... 53
— VII. — Campagne de 1747.......................... 65

Paris. — Imp. H. Noirot, rue de l'Abbaye, 22.

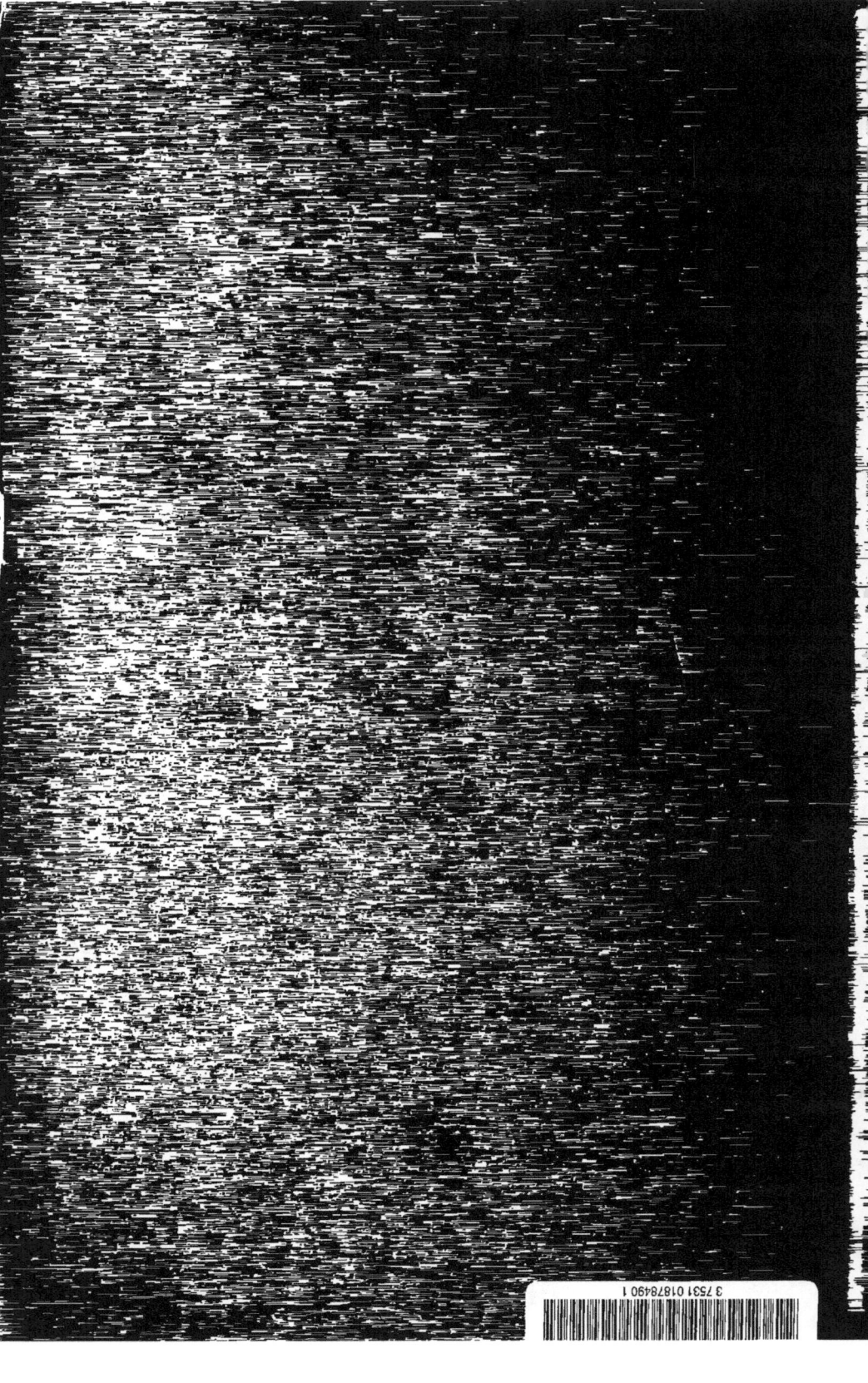

www.ingramcontent.com/pod-product-compliance
Lightning Source LLC
Chambersburg PA
CBHW070309100426
42743CB00011B/2416